부모의 언어가
자녀의 인생을
바.꾼.다.

부모의 언어가
자녀의 인생을 바꾼다

초판 1쇄 인쇄일 2021년 2월 15일
초판 1쇄 발행일 2021년 2월 19일

지은이 김기석·태민자·박정현
펴낸이 양옥매
디자인 임홍순·임진형
교   정 조준경

펴낸곳 도서출판 책과나무
출판등록 제2012-000376
주소 서울특별시 마포구 방울내로 79 이노빌딩 302호
대표전화 02.372.1537   팩스 02.372.1538
이메일 booknamu2007@naver.com
홈페이지 www.booknamu.com
ISBN 979-11-5776-973-5(13590)

이 도서의 국립중앙도서관 출판시도서목록(CIP)은 서지정보유통지원 시스템
홈페이지(http://seoji.nl.go.kr)와 국가자료공동목록시스템
(http://www.nl.go.kr/kolisnet)에서 이용하실 수 있습니다.
(CIP제어번호 : CIP2020049561)

* 저작권법에 의해 보호를 받는 저작물이므로 저자와 출판사의 동의 없이 내용의 일부를
  인용하거나 발췌하는 것을 금합니다.
* 파손된 책은 구입처에서 교환해 드립니다.

부모의 언어가
자녀의 인생을
바. 꾼. 다.

김기석
태민자
박정현
지음

| 들어가는 말 |

이상을 일상으로 만드는 비결,
말버릇

   우리 자녀의 언어 습관은 부모의 말 습관의 산물이다. 말투, 자세, 식사나 수면과 같은 생활 스타일까지, 어떻게 그리 닮아 가는지 문득 나를 돌아보게 한다. 습관이 쌓여 만들어지지 않은 것이 하나도 없다.

   무의식적으로 했던 말이 어느 날 불쑥 아이의 입에서 나왔을 때의 충격은 지금도 너무나 생생하다. 오랫동안 조직 생활을 해서 나름대로 정화된 말을 쓰고 산다 했는데도 말이다. 몇 번씩 계속해서 반복하다 보니, 어느새 습성으로 굳어져 완전히 정착해 버린 것이 대부분이다. 바로 그것이 '말버릇'이다.

   한번 몸에 밴 버릇은 그 사람의 특징이 되고, 인격의 일부가 되어 간다. 말이나 행동이 그래서 중요하다. 누구나 이 사실을 잘 알고 있다. 특히 누군가를 처음 만날 때는 평소와는 사뭇 다른 '점잖은 언어'를 연출하곤 하는데, 이 역시 상대에게 좋은 인상을 주어서 호감 가는 사람으로 기억되고 싶은 마음 때문이다.

나의 이상적인 모습을 일상적인 것으로 만들 수 있다. 무의식적인 습관으로 익숙해진 사소한 말버릇을 의식적으로 고침으로써 마침내 나의 성격까지도 바꿀 수 있다.

강사들이 모이는 자리에서 우연히 얘기 중에 책을 써 보자는 의견이 나와 책을 쓰게 되었다. 많은 시행착오를 겪고 이제 와 깨달은 것을 의욕만 잊서 내놓고 보니 너무나 부끄럽다. 그럼에도 이 책이 이제 막 아이를 키우는 부모들에게 조금이라도 도움이 되기를 바라는 마음으로 그 부끄러움을 대신하고자 한다. 함께하신 강사님과 책을 내주신 출판사 대표님께도 감사드린다.

김 기 석

| 들어가는 말 |

아이의 인생을
바꾸는 말의 기적

"여러분! 지금 미술 시간에는 여러분이 좋아하는 반찬을 그려 보도록 하겠습니다." 여기저기에서 고기반찬, 햄, 오징어를 그리는데 한 아이는 도화지 전체에 까만 칠을 하고 있었다. 그것을 본 선생님은 다짜고짜 "아니, 너는 좋아하는 반찬을 그리라고 했더니 장난을 치고 있었구나?" 그러자 아이는 시무룩하게 "제가 좋아하는 반찬을 김이란 말이에요." 아이는 그날 이후로 미술 시간을 싫어했다.

어느새 학년이 바뀌고 미술 선생님도 바뀌었다. 그날은 유난히 눈이 많이 내렸다. 새로 오신 미술 선생님은 잠시 밖을 내다보더니 "여러분 밖에 눈이 아주 많이 내리고 있네요. 우리 이번 시간에는 눈 내린 밖의 경치를 그려 볼까요?" 다른 아이들은 그리기 시작하는데 미술 시간을 싫어하는 이 아이는 도화지만 쳐다보고는 시작도 못 하고 있었다. 그것을 보고 있던 선생님이 가까이 오시더니 아이의 머리를 쓰다듬으며 "어머나, 너는 어쩌면 온통 눈 덮인 밖의 풍경을 어쩜 이리도 잘 그렸니?"

아이는 그 이후로 미술 시간이 기다려지기 시작했다. 그 아이는 미대를 갔고, 지금 아이들을 가르치는 교사가 되었다. 나의 말 한마디로 사람을 살리기도 하고 죽이기도 한다는 것을 생각한다면 말 한마디를 하더라도 신경 써서 해야 하지 않을까 싶다.

태 민 자

| 들어가는 말 |

말, 그 사람을 나타내는 대명사

 부모의 말 한마디가 자녀의 인생을 바꾼다는 말이 있다. 그만큼 부모의 말 한마디는 자녀들에게 삶의 매 순간순간 영향력을 끼치고 자녀들의 미래에 매우 큰 영향력을 행사하게 된다. 말은 그 사람이고, 그 사람의 삶이라고 해도 과언이 아니다. 특별히 부모가 끼치는 영향력은 매우 크다. 그중에서도 부모의 언어 습관은 자녀의 언어에 많은 영향력을 끼친다.
 아버지와 자녀들 그리고 부부와 가족들을 대상으로 강의를 하면서 가족 간에 서로 갈등하는 요인이 바로 대화와 소통이 잘 안 되는 것에 있을 알게 되었다. 반면 말 한마디로 부부간 혹은 부모와 자녀 간에 큰 힘을 얻기도 하고 위로를 얻으며 행복감을 느낀다는 고백들을 들으면서 말이 주는 힘이 얼마나 큰지를 깨닫게 되었다.

아무리 어렵고 힘이 들어도 부부간에 말로 인정해 주고 칭찬해 주고 격려해 준다면 어떤 어려운 환경이라도 이기고 나아갈 수 있으며, 자녀들도 부모의 말 한마디가 인생을 바꾸었다고 고백하기도 했다. 또한 부모님들도 자녀들의 말 한마디에 행복해한다. 말은 이렇게 가족과 상대방에게 사랑을 표현하기도 하고 상처 난 부분들을 회복케 하기도 하지만, 가족과 상대방에게 상처를 주기도 하고 힘들게 하기도 한다.

바로 말의 힘이다. 부모의 언어는 자녀들에게나 사신들에게 영향력을 주므로 아름다운 말, 격려하는 말, 위로의 말을 많이 사용하는 것이 행복한 가정, 행복한 사회를 만드는 원동력이라 생각한다. 말로 서로의 사랑을 표현하고 말로 서로의 요구 사항을 알아 가고 말로 서로 소통하여 행복한 가정, 행복한 삶을 누리는 데 작게나마 이 책이 쓰임받기를 바란다.

박 정 현

들어가는 말　이상을 일상으로 만드는 비결, 말버릇 · 4
　　　　　　아이의 인생을 바꾸는 말의 기적 · 6
　　　　　　말, 그 사람을 나타내는 대명사 · 8

Part 1. 부모의 언어가 아이의 인생을 바꾼다

　　01　무의식적인 언어가 아이의 행동을 바꾼다 · 18
　　02　생각을 만들고 미래를 지배하는 말의 힘 · 22
　　03　상상을 현실로 만드는 뇌와 언어의 관계 · 26
　　04　뇌를 활성화시키는 말의 영향력 · 30

Part 2. 최대의 무기는 말, 말, 말

　　01　행복의 문을 여는 열쇠는 말에 있다 · 36
　　02　유전자 속 잠재력을 깨워라 · 40
　　03　진화와 성공의 스위치, 말 · 42
　　04　긍정의 언어로 바꾸는 방법 · 45

Part 3. 잠재력을 스스로 믿게 하라

01 아이의 인생을 좌우하는 자아 이미지 · *50*

02 긍정 언어, '되고 싶은 나'를 실현하다 · *54*

03 인격을 존중하는 품위 있는 언어 · *58*

04 밥상머리 교육으로 피우는 희망의 언어 · *62*

Part 4. 상상만으로 달라지는 아이의 미래

01 거짓말도 반복하면 진실이 된다 · *66*

02 상상력이 주는 커다란 힘 · *70*

03 미래를 구체적으로 이미지화하라 · *73*

04 희망을 실현하는 상상 체험 · *77*

05 항상 현재형으로 말하라 · *82*

Part 5. 잠자는 뇌를 깨워라

01 꿈을 이루는 구체적인 비전 · *88*

02 아이를 행복하게 만드는 부모 · *96*

03 가슴이 뛰는 목표 세우기 · *98*

Part 6. 부모인 나는 어떤 말을 쓰고 있는가?

    01 내가 쓰는 무의식적인 말은? · *102*

    02 부정의 스위치를 긍정으로 바꿔라 · *107*

    03 가정 경제를 늘리는 생각의 전환 · *111*

    04 최선의 선택, 최상의 결과 · *116*

Part 7. 좋은 감정을 부르는 말

    01 아이를 감동시키는 말 한마디 · *122*

    02 칭찬은 아이도 춤추게 한다 · *129*

    03 행복 언어를 만드는 열쇠, 비전 선언문 · *133*

Part 8. 부모의 행동을 아이가 보고 있다

    01 아이 앞에서 싸우지 마라 · *138*

    02 일상에서 전하는 사랑과 감사 · *144*

    03 행복한 가정공화국 만들기 · *149*

    04 언어의 달인이 되는 책 읽기 · *153*

Part 9. 두 마리 토끼를 잡는 법

01 적극적 사고를 넘어 낙천적 사고로 · 156
02 건강한 아이는 모두 긍정적이다 · 160
03 성공하는 사람의 화법 · 164
04 크게 생각하고 크게 행동하자 · 169

Part 10. 원하는 것을 이루는 비밀의 Key

01 글로 쓰는 목표, 낭독하는 비전 · 174
02 현재형으로 쓰는 미래 일기 · 177
03 마음과 마음을 잇는 유머 감각 키우기 · 181
04 성공 키워드를 입버릇처럼 말하라 · 185

Part 11. 좋은 언어 습관의 실천 14계명

01 이미지 확립하기 · 190
02 뇌를 활성화시키는 즐거움의 메시지 · 192
03 뇌에 영향을 주는 말 · 194
04 아름다워질 수 있는 말(나에 대한 칭찬) · 196
05 말로 표현해야 좋은 말 · 198

06 경제를 성장시키는 말 · *200*

07 아름다워질 수 있는 말 · *202*

08 일과 사업(공부)을 성공으로 이끄는 말 · *204*

09 발전할 것 같은 말 · *207*

10 가족 관계를 좋게 만들어 주는 말 · *209*

11 좋은 인생을 선택하는 말 · *212*

12 상상하면 이루어진다 · *214*

13 인생의 사다리를 열 계단 뛰어오를 수 있는 말 · *215*

14 내가 쓰는 언어 습관의 목록을 작성하자 · *216*

부 록   부모 헌장 · *224*

맺는말 꿈을 이루는 행복 처방전, 말이 힘이다 · *227*

Part 1

부모의 언어가 아이의 인생을 바꾼다

긍정적인 말을 선택하여 좋은 말버릇을 습관화하면
자신이 바라던 모습이 현실로 나타난다.
우리 아이에게도 그대로 실천하게 해 보라.
언어 습관이야말로 사고 습관을 형성하는 원천이다.

01
무의식적인 언어가
아이의 행동을 바꾼다

　현재 아이의 모습은 부모의 축소판이다. 자세, 표정, 말투, 걸음걸이, 식사나 자는 모습, 평소 스타일까지…. 아이의 모습 하나하나 어디서 봄직한 평범한 부모의 일상의 모습이 쌓여 만들어진 것이라는 생각을 해 본 적이 있는가?
　아이가 부모와 계속 생활하는 동안 몇 번씩 계속해서 부모의 모습을 보고 또 보다 보니, 어느새 부모의 모습이 아이에게 그대로 복사되어 버린 것이 대부분이다. 바로 그것이 '아이의 버릇'이다. 한번 몸에 밴 버릇은 그 아이의 특징이 되고, 부모도 모르는 사이에 부모와는 닮아선 안 되는 모습의 일부가 되어 간다.
　예를 들어, 입이 한쪽으로 올라가 있으면 남의 말에 빈정이 상한 듯한 느낌이 들고 매사에 불만이 있는 사람처럼 보이기 십상이다. 실제로 한쪽 입이 올라가 있는 표정을 짓고 있으면 긍정적인 모습을 보이기 어렵다. 그 선입감 때문에 상대와 대화를 부드럽게 이어 가는 데 어려움을 겪기 십상인데, 그러다 보면 상대와 가까워지는 것이 불편해지는 건 너무나 당연한 일이다.

사람들은 이 사실을 잘 알고 있다. 특히 누군가를 처음 만날 때는 평소와는 다른 '멋진 모습'을 연출하고자 하는데, 상대방에게 좋은 인상을 조금이라도 주어서 호감 가는 사람으로 기억되고 싶은 마음 때문일 것이다. 이러한 상태가 계속 유지된다면 남에게 보이고 싶은 좋은 인상을 일상적인 것으로 만들 수도 있다.

다시 말해, 무의식적인 습관으로 고정화된 모습을 의식적으로 고치려 노력함으로써 마침내 모습까지 바꿀 수 있다는 것이다. 그런데 여러 습관 중에서도 인생에 가장 큰 영향을 미치는 것은 바로 평소의 습관, 즉 고정된 생각에서 나온 버릇이다.

뭐든지 비판적으로 말하고 생각하는 부모는 아이들 눈에 늘 불안과 걱정을 안고 살아가는 듯이 보이기 십상이다. 반면 매사를 낙관적으로 바라보고 생각하는 부모들은 언제 봐도 즐겁고 밝으며, 아이들 역시 밝고 명랑해 보인다. 설령 살다가 역경에 부딪히더라도 '다시 시작해 보면 되겠지.'라는 낙천적인 태도를 취하며, 또 실제로도 어떻게든 극복해 낼 수 있는 힘을 지니고 있다.

부모가 세상사를 비관적으로 받아들이느냐 혹은 낙관적으로 받아들이느냐의 차이는, 앞으로의 아이의 인생을 정반대 방향으로 끌고 나갈 수 있다. 이는 곧 "부모의 모습을 보고 아이가 자란다.

그래서 눈에 익숙해지는 것은 바로 행동으로 이어지기 때문에 부모가 어떤 모습을 보이며 살아가느냐의 여부가 아이의 인생의 질을 크게 좌우한다."는 놀라운 일이 일어나기 때문이다.

부모가 늘 화를 내거나 강한 스트레스를 받고 있으면 '노르아드레날린'이라는 호르몬 독성에 의해 병이 생기게 된다. 반대로, 항상 웃으면서 즐겁게 지내면 베타엔도르핀이 증가하여 몸과 마음을 건강하게 유지하면서 살 수 있게 된다. 우리의 몸과 마음은 분리할 수 없는 관계에 있으며 상호작용을 한다는 것이 과학적으로 증명된 셈이다.

인생에서 무언가 중대한 일을 선택하거나 결단을 내려야 할 때도 어떠한 마음가짐으로 임하는가에 따라 그 결과가 크게 달라진다. 그러므로 항상 긍정적인 생각을 하자. 긍정적인 생각을 가지고 행동하면 긍정적인 결과를 가져온다. 비록 싫은 일을 하게 되는 상황이라도 일부러라도 좋다고 생각하고 적극적이고 긍정적으로 받아들이면 좋은 방향으로 나아갈 수 있다.

우리의 뇌는 내가 그리는 상상의 이미지와 자율신경계의 연동으로 현실을 움직일 수 있다. 따라서 행복해지기 위해 끊임없이 진심으로 그 생각을 한다면 바라던 대로의 행복을 손에 넣을 수 있다. 이것이 바로 긍정의 힘이다.

아이에게 긍정적인 부모의 모습을 보이는 것은 매우 중요하다. 아이는 부모의 모습을 보면서 자라기 때문이다. 좋은 생각만을 골라서 하게 되면 그런 좋은 생각이 행동으로 나오게 마련이다. 생각이 바뀌면 행동이 바뀌고 행동이 바뀌면 인생이 바뀐다는 말은 분명한 사실이다.

자식 키우기란 자녀에게 삶의 기술을 가르치는 것이다.
- 일레인 헤프너

지방에 출장을 간 남자가 지나가던 남자를 붙들고 물었다.
"이 고장에선 큰사람들이 많이 태어나셨죠?"
"아뇨, 애들밖에 태어나지 않았는데요."

02
생각을 만들고
미래를 지배하는 말의 힘

사물을 받아들이고 생각하는 방식의 버릇, 즉 생각의 습관이 당신의 행동을 결정한다. 의식이나 사고의 내용이 직접 몸에 영향을 미치고, 그 생각이 현실로 나타나게 된다. 그러나 그 전에 무엇보다 중요하게 여겨야 할 습관이 한 가지 더 있다. 그것은 의식이나 사고를 관장하고, 이것들과 표리일체를 이루는 언어 습관, 즉 '말버릇'의 영향력이다. 다음과 같은 예는 실제로 자주 쓰는 말들이다.

- 아, 피곤해 죽겠네.
- 나는 평생 하는 일이 안 돼. 정말 운이 없어.
- 언젠가 안 좋은 일을 당할 것 같아.

이렇게 비관적으로 말하고 생각하면 점점 하는 일이 안되고 우울하며 마음이 고통스럽다. 실제로 병에 걸리지 않는다고 해도, 얼굴 표정으로 다 드러나게 되어 있다. 반대로, 밝은 미래의 꿈과 희망을 말한다면 그 소원이 실현될 확률이 한없이 높아진다.

- 오늘 하루도 너무 좋았어.
- 즐겁고 기쁜 일이 날마다 일어나네.
- 일도 모두 순조롭고 아이들도 저마다 잘되고 있어.

이렇듯 항상 긍정적인 말로 스스로에게 좋은 영양분을 주도록 하자. 설사 그 말이 현실과 거리가 있을지라도 전혀 문제가 되지 않는다. 별로 좋은 일이 일어나지 않더라도, '즐거워', '행복해', '기분 좋아', '기뻐'라고 말하면 어느 순간 그 말처럼 모든 일이 순조롭게 되어 갈 뿐만 아니라 몸과 마음도 더불어 건강하게 만들어 줄 것이다.

"오늘은 최선을 다하고, 가족과 아주 충실하게 보냈다."라고 자신에게 말하면서 하루를 활기차게 살았음에 만족해하며 잠자리에 들라. 이 같은 일을 반복하면 당신을 둘러싸고 있는 상황이 몰라보게 호전될 것이며, 만나고 싶었던 사람과도 만나게 되고, 꼭 해보고 싶었던 일이나 기회도 많아질 것이다. 의식적으로 긍정적인 말을 선택하여 좋은 말버릇을 습관화한다면 자신이 바라던 모습이 현실로 나타나게 된다.

　우리 아이에게도 그대로 실천하게 해 보라. 언어 습관, 이것이야말로 사고 습관을 형성하는 원천임을 잊지 말자. 우리의 사고는 '기쁘다' 또는 '슬프다'라는 언어 의식에 근거한다. '오늘은 여기까지 일하고, 나머지는 내일 하자.'는 생각을 그대로 행동으로 옮길 수 있는 것도 뇌에서 그 말들을 조립했기 때문이다. 단, 전혀 알지 못하는 말로 생각하거나 행동 프로그램을 조립하는 것은 불가능하다.

　"병은 마음에서 나온다."라는 말이 있다. 이것은 의학적으로도 타당한 말이다. 그러나 기분이 좋고 나쁨을 결정짓는 것은 바로 말이 존재하기 때문이다. 여기서는 오히려 "건강과 장수는 말버릇에서 비롯된다."라고 표현해야 옳을 것이다.

　행복과 불행도 당신이 어떤 말을 사용했느냐에 달려 있다. 이와 같이 말에 대한 올바른 인식을 갖느냐의 여부에 따라 인생은 완전히 달라진다. 인식은 중요한 일에 대해 생각하거나 태도를 결정할 때 없어서는 안 될 자석과 같은 존재이기도 하다.

　아울러 "언어, 즉 말이 생각을 바꾸고, 나아가서는 인생까지 지배한다."라는 법칙의 원리를 깨닫고 일상에서 잘 응용한다면 인생은 너무나도 즐거운 것이 될 것이다. 그리고 이것을 잘해 내면 잘해 낼수록 꿈과 희망이 실현되는 속도는 놀라울 만큼 빨라질 것이다.

말이 있기에 사람은 짐승보다 낫다. 그러나 바르게 말하지 않으면 짐승이 그대보다 나을 것이다. - 사이디 고레스탄

03
상상을 현실로 만드는 뇌와 언어의 관계

인간이 살아 있다는 것은 끊임없이 체내에서 '생화학반응'이 일어난다는 뜻이다. 간단한 예를 들어 설명해 보자. 음식을 먹으면 먹은 양에 따라 위산과 효소가 분비되고, 분해와 흡수, 그리고 재합성이 이뤄진다. 섭취한 것에 함유되어 있는 탄소와 호흡할 때 들이마신 산소가 연소라는 화학반응을 일으켜 생명 활동에 필요한 에너지를 만든다. 설사 본인이 무엇을 먹었는지 잊어도 체내에서 정확히 처리되고 있다.

이와 같은 체내의 생화학반응이 1초에 수천만 번 이뤄진다고 볼 때, 우리가 생명을 유지하는 동안 생화학반응은 감히 상상도 할 수 없을 만큼 많이 일어난다. 이러한 경이로운 화학반응의 조정기능을 관장하는 것은 자율신경계이며, 그 중추는 뇌의 대뇌변연계라는 곳인데 '원시적이고 오래된 뇌' 또는 '동물뇌'라고도 불린다.

뇌의 가장 바깥쪽에는 대뇌신피질이 있다. 생물 중에서 유일하게 인간만이 가지고 있는 구조이며, 발달된 '새로운 뇌'로서 사고·판단·기억 등을 관장한다. 이 오래되고 새로운 두 개의 뇌를 결합하는 것이 바로 새로운 뇌에 의한 '상상력'이다. 새로운 뇌가 품고 있는 상상의 이미지는 오래된 뇌인 자율신경계에 작용하여 체내의 생화학반응계에 영향을 미친다. 즉, 인간의 신체는 그것이 비록 상상일지라도 현실과 똑같이 반응한다는 것이다.

아주 흔한 예를 들자면, 실제로 레몬을 먹지도 않았는데 레몬을 보거나 상상하는 것만으로도 타액과 위산이 마구 분비된다. 이것은 의식이 원인이 되어 일어나는 체내 생화학반응의 하나로, 상상한 내용이 물질화되어 실제로 몸에 작용하기 때문이다.

걱정거리가 있으면 안색이 좋지 않은 것도 같은 원리이다. 불안한 의식이 이유가 되어 뇌에 아드레날린이라는 호르몬이 분비되고, 모세혈관이 축소되어 혈액의 대부분이 근육계로 운반되기 때문에 일어나는 화학반응의 결과다. 그래서 비록 3년이나 5년 후에 일어날 미래의 일이라고 해도 걱정한 그 순간부터 바로 현실의 일처럼 몸이 반응하는 것이다.

또한 과거에 있었던 일을 머릿속에 떠올리면 곧바로 지금 그것을 체험하고 있는 것과 같은 반응이 신체 곳곳에서 나타난다. 첫사랑의 아름다운 추억, 즐거웠던 데이트, 로맨틱한 속삭임 등을 회상하면 누구든 가슴이 두근거리게 마련이다. 이때는 혈액순환이 좋아지고 체온이 상승한다. 또한 베타엔도르핀 등의 희열 호르몬이 분비되면서, 기분이 점점 황홀해지고 피부가 반짝거리고 탱탱해진다.

이 얼마나 대단한 기적인가! 상상력과 자율신경계의 기능 덕분에 시공간을 마음껏 날게 되는 것이다. 따라서 과거·현재·미래 그 어느 때라도 마음이 있는 곳에 바로 당신이 있으며, 아름다움과 건강에 영향을 미치는 호르몬을 자유자재로 만들어 낼 수 있다.

또한 '칭찬의 덕'이라는 것도 있는데, 이는 예쁘다는 칭찬을 들은 사람이 아닌, 칭찬을 한 사람이 더 아름답고 예뻐지는 신기한 현상을 가리킨다. 자율신경계는 인칭의 구별이 없다. 주어가 누구냐에 상관없이 그 모든 것을 말한 사람의 일이라고 해석해 버린다. 때문에 자기 자신에게도 칭찬하고, 또 주위 사람들에게도 계속해서 아름답다고 칭찬한다면 그 누구도 아닌 바로 당신이 아름다워지는 것이다.

인간과 언어의 관계는 알고 보면 참으로 원리가 간단하다. 그것은 바로 현재 우리의 모습은 과거의 언어 습관이 만들어 낸 것이며, 우리의 미래 역시 현재의 언어 습관이 만들어 낸다는 것이다.

입과 혀라는 것은 화와 근심의 문이요, 몸을 죽이는 도끼와 같다.
– 『명심보감』

엄마와 딸은 설거지를 하고, 아빠와 아들은 TV를 보고 있었다.

그때 갑자기 쨍그랑하며 접시 깨지는 소리가 났다.

정적 속에서 아빠가 아들에게 말했다.

"누가 접시 깼는지 보고 와."

"아빠는 그것도 몰라? 엄마잖아!"

"안 보고 어떻게 알아?"

아들이 답답하다는 듯이 아빠를 쳐다보며 말했다.

"엄마가 아무 말도 안 하잖아!"

04
뇌를 활성화시키는 말의 영향력

자신에게 도움이 되는 긍정적인 언어를 많이 사용하면 할수록 언어 그 자체의 의미나 영향력으로 뇌가 자극을 받고 활성화된다. 그에 따라 상상력이 점점 커져 가고, 기분도 점점 좋아지는 것이다.

예를 들어 '이젠 나이가 많아서'가 아니라 '아직 ○○살밖에 안 돼서'라고 표현하면, '앞으로 하고 싶은 일이 아주 많다'는 생각을 자연스럽게 입에 올리게 된다. 그리고 지금까지 하찮은 바람에 지나지 않았던 수많은 꿈들이 강한 포부로 커져 나가는 것을 깨닫게 될 것이다.

내가 진행하는 세미나에 참가했던 어느 여성이 나에게 이런 체험담을 들려준 적이 있다. 50대 여성인 A씨는 어느 날 문득, 젊었을 때 꿈꿨던 유럽 여행을 이제는 구체적이고 현실성 있는 계획으로 세워야 할 때라고 생각하게 되었다. 그러자 여태껏 그냥 보고 지나쳤던 잡지나 TV 프로그램에 눈길이 가게 되었다는 것이다.

파리나 런던의 아름다운 사진들과 여행의 정취가 물씬 풍기는 영상을 바라볼 때마다 '정말 아름답다, 역시 멋지다'라고 느끼게 되면서, 그곳을 여행하고 싶은 열망이 점점 더 커져 갔다. 여행지의 풍경을 마음속에 그리게 되고, 그곳에서 만나게 될 사람들과 즐거운 일들, 그리고 맛있는 식사와 와인에 대한 상상이 더욱 구체적으로 떠올랐다. 시간이 흐를수록 그 장면을 생각하는 것만으로도 즐거워지고, 가슴이 두근거렸다.

'기회가 닿으면 가 보고 싶다'에서 '꼭 가고 싶다'로 생각이 바뀌고, 나중에는 "반드시 갈 수 있어.", "조만간 반드시 유럽에 간다."라고 입버릇처럼 말하게 되었다. 이때 우리의 뇌는 어떤 반응을 보이게 될까? 뇌는 계속 회전하면서, 꿈을 실현시키는 장치가 놀라울 정도의 위력을 발휘하기 시작한다. 명확한 목적이나 목표의 메시지가 뇌에 전달되어 스위치에 불이 켜졌기 때문이다.

그로부터 2년 후, A씨는 정말로 유럽 여행을 실현시켰다. 조금 더 욕심을 내어, 영국·프랑스·독일·이탈리아·스페인, 이렇게 5개국을 여행한 후에 완전히 다른 모습으로 돌아왔다. 여행에서 돌아온 A씨는 분명 다섯 살은 더 젊어 보였다. 예전에 무척 여리고 힘없는 목소리로 말하던 모습은 감쪽같이 사라지고, 당당하고 자신감에 차 있는 모습으로 거듭났다.

"돈이 없어서, 시간이 없어서라고 변명을 하는 것은, 처음부터 그렇게 하고 싶은 마음이 없는 것이나 다름없어요. 이것저것 변명을 생각하기보다는 차라리 아무것도 생각하지 않는 편이 나아요."라고 말하는 A씨의 얼굴에는 생동감이 감돌았다.

사실이다. 항상 긍정적이고 낙천적인 말을 하다 보면, 우리의 뇌는 '정말 괜찮은가 보다'라고 해석하여 '좋게 나아갈 방향'을 찾기 위해 줄기차게 움직이기 시작한다.

하지만 다른 한쪽에서는 뇌가 부정적인 말도 빠짐없이 알아차리기 때문에 비록 한순간이나 별것 아닌 가벼운 의미일지라도 '역시 무리일지 몰라.', '잘못된 선택을 해 버렸다.' 등과 같은 갈등이나 후회 섞인 말을 해서는 절대 안 된다. 그렇게 말하면 뇌가 '무리인가?', '잘못된 것이었나?'라고 받아들여 원점으로 되돌려 버리는 결과를 낳게 되기 때문이다.

자, 미래에 대한 계획을 세웠다면 반드시 그것을 이루게 해 줄 것이라 믿고 안심하여 앞으로 나아가길 바란다.

- 여행에 도움이 되는 정보가 계속해서 손에 들어온다.
- 마치 빨리 오라고 하는 것 같아.
- 어쩌면 이렇게 일이 척척 진행되는 걸까?

진심으로 기뻐하고, 그 기쁜 마음을 말로 표현해야 한다. 자기 자신에게는 물론, 주변 사람에게도 기쁨에 가득 차고 긍정적인 말을 많이 하기 바란다. 그러면 뇌가 빠짐없이 그 말을 해석하여 더욱더 좋은 기능을 발휘할 것임에 틀림없다.

우리의 '말'에는 스스로의 힘으로 미래를 개척해 나가는 대단한 힘이 내포되어 있다. 그 위력을 깨닫고 능숙하게 활용하기 위한 방법들을 실천해 나간다면 밝고 활기로 가득 찬 미래가 당신을 맞이할 것이다.

미국의 저명한 학자 마크 트웨인은 장서가 많은 데 비해 책장이 턱없이 부족했다.
이것을 본 친구가 물었다.
"이보게 친구, 왜 이렇게 책장이 부족한가?"
"책은 빌려 올 수 있지만, 책장까지야 어떻게…."

Part 2

최대의 무기는
말, 말, 말

우리의 뇌와 세포를 즐겁게 해 주는 방법에는
'낙천적인 사고'만큼 좋은 것이 없다.
낙천주의자가 되기 위해 가장 좋은 방법은
일상의 언어를 부정에서 긍정으로 바꾸는 것이다.

01
행복의 문을 여는 열쇠는 말에 있다

인류의 기원에 대해서 여러 가지 설이 있는데, 그중 하나는 약 5백만 년 전 아프리카 침팬지의 공통 조상에서 갈라져 나와 인간으로 진화하기 시작했다는 것이다. 이를 증명하는 것으로 가장 오래된 화석이 아프리카 대지구대(大地溝帶)에서 발견되었다.

인류의 조상들은 진화에 진화를 거듭했고 마침내 직립보행을 하게 되면서 식도 주위와 성대에 큰 변화가 생겨났다. 정확하지 않은 미묘한 발음이 가능해지면서, 초기 언어라 부를 수 있는 '말'이 탄생했다.

그리고 지극히 원시적이긴 하지만 도구를 사용하게 되었으며, 손가락을 자유롭게 움직임에 따라 뇌의 발달을 눈부시게 촉진시켰다. 인간의 근육은 온몸에 뻗어 있는 운동신경계를 매개로 하여 대뇌로 직결되어 있다. 따라서 운동을 하거나 근육을 사용하는 것은 뇌를 사용하는 것과 같은 효과를 가져온다.

갓난아이는 태어나서 얼마의 시간이 지나면 고개를 가누고, 몸을 뒤집고, 말을 알아듣고, 작은 것들을 기억해 내고, 붙잡고 일어서고, 드디어 걷기 시작한다. 인류가 걸어온 진화의 과정과 똑같은 성장 단계를 밟아 가는 것이다. 이러한 신체 운동에 따라 리틀 브레인, 즉 근육신경이 뇌를 자극하여 대뇌가 점점 발달하게 된다.

아이들에게 놀이가 중요한 의미를 갖는 이유는 손과 발, 그리고 온몸을 마음껏 사용함으로써 뇌와 신체의 성장을 한 단계 더 발달시키기 때문이다. 그렇다면 인간의 뇌가 계속해서 발달하는 이유는 무엇일까? 그것은 다음의 세 가지 주요 요소에 근거하고 있다.

첫째, 직립보행.
둘째, 도구의 사용과 제작.
셋째, 수렵에 따른 단백질 섭취.

이러한 복잡한 진전에는 언어 능력의 발달이 깊이 관여하고 있다. 인류가 직립보행을 함으로써 획득한 초기 언어는 먼저 음성에 따른 의사소통이다. 상대를 위협하거나 도움을 청할 때 신호를 보내는 것 외에, 점차로 더 복잡한 것도 주고받을 수 있는 수

준에까지 이르게 되었다.

 그리하여 단순한 단어가 탄생했으며, 어느 특정한 내용을 지시하는 것을 서로가 공유하게 되자 비로소 '언어 커뮤니케이션'이라 부를 만한 것들을 주고받기 시작했다. 시간이 흐름에 따라 걱정이나 욕망을 알리고 생각을 전하는 등 언어에 의한 정보 교류가 점점 더 복잡해졌으며, 그것이 아득히 오랜 세월을 거쳐 현재와 같은 고도의 언어 체계로 진화·발전되었다.

 수렵·채집 시대의 인류가 어느 정도의 언어 체계를 가지고 있었는지는 확실치 않다. 하지만 식량을 얻기 위해 남자들은 집단으로 사냥을 하고, 그 부족분을 메우기 위해 여자들이 식물이나 나무의 열매를 모으는 등, 그들 나름대로 일정한 규칙을 가진 군락을 형성하기에 이르렀다.

 집단 사냥을 할 때에는, '어디에 사냥감이 있을까?', '어떻게 하면 그것을 쏘아 죽일 수 있을까?', '어떻게 하면 위험을 피할 수 있을까?' 등의 여러 가지 정보를 교환해야 했을 것이다. 이러한 과정을 거치면서 마침내 수렵 기술의 고도화, 그리고 도구의 사용과 그 제작 기술의 고도화를 이루게 되었고, 이는 언어 능력의 발달 없이는 불가능한 일이었다.

 기술(테크놀로지)과 언어가 상호작용을 하면서 상승효과를 가져오는 선순환이 인류의 진보와 발전에 필수불가결한 요소임을 확실하게 알 수 있다. 다시 말해, 바로 언어가 진화의 열쇠를 쥐고 있는 것이다. 그리고 앞으로도 언어가 행복의 문을 여는 가장 중요한 열쇠가 될 것임이 분명하다.

현구가 떨면서 면접시험을 보고 있다.
면접관이 현구에게 물었다.
"아버님 성함이 뭐지?"
"네, 아버님 성함은 김가진입니다."
현구의 대답을 들은 면접관이 화를 내면서 말했다.
"아니, 자넨 아버님 성함을 그렇게 부르라고 배웠나?"
"죄송합니다."
"다시 한 번 말해 보게!"
"예, 저희 아버님 성함은 김짜 가짜 진짜입니다!"
현구의 대답을 들은 면접관은 참지 못하고 웃음을 터뜨렸다.

02
유전자 속
잠재력을 깨워라

 현재 지구상에는 60억 이상의 사람들이 살고 있다. 인종에 따라 언어가 다르고 생김새도 다르다. 각기 다른 인류의 특징이나 부모로부터 받은 유전형질 등, 개체의 특성 또한 다양하다. 그러나 인간은 모두가 똑같은 유전자를 가지고 있다.
 모든 인류의 신체 구조가 똑같은 이유는 유전자 DNA의 구조와 유전정보의 전달 구조가 동일하기 때문이다. 인간의 경우, 어떤 개체의 뇌가 발달하여 높은 기능을 획득하면, 그 유전정보를 물려받은 차세대 개체의 뇌는 기억 영역 등을 더욱 증폭시켜 탄생하게 된다. 이는 '발현유전자'라 불리는 유전자 작용에 의한 것으로, 다른 동물에게서는 나타나지 않는 인간만이 지니는 특징이다. 예를 들어, 인간이라면 그 누구든 재능을 가지고 태어난다.
 조상의 누군가가 획득한 높은 능력이 발현유전자를 매개로 이어져 차세대에 나타난 것이다. 발현유전자의 스위치 작동에 따라 잠재적인 능력이나 재능이 발현되는지 안 되는지를 결정하게 된다. 그 방아쇠 역할을 하는 것이 의식이며, 그 의식을 형성하고 가장 큰 영향을 미치는 것이 바로 '말'이다.

당신이 어떠한 말을 사용하는가에 따라 잠재적으로 숨겨져 있던 뛰어난 능력을 비롯하여 건강과 장수에 이르기까지, 바람직한 모든 자질을 끌어낼 수 있는지가 결정된다. 혹시 "나는 건강하고 능력도 모두 개발되었다."라고 말하는 사람이 있다면 조금 더 욕심을 내 보라고 권하고 싶다.

그 이유는 간단하다. 인간의 유전자 DNA에 들어 있는 유전정보의 양은 감히 상상할 수 없을 정도로 엄청나게 방대하기 때문이다. 따라서 잠재된 능력에는 한계가 없으며, 그 가능성은 한 세대에서는 도저히 다 발현할 수 없을 정도로 무궁무진하다.

03
진화와 성공의 스위치, 말

그럼 여기서 잠시, 진화에 대해 살펴보기로 하자. 진화란 한마디로 '환경에 적응하는 유전자를 획득하는 것'이다. 적응하지 못하는 생물은 거기서 진화를 멈추거나 또는 도태되어 사라져 버린다. 즉, 환경에 적응하면서 살아가기 위한 신경 시스템을 획득한 생물만이 생명을 유지할 수 있으며, 그 유전정보를 차세대로 이어 나갈 수 있다.

인류의 진화는 그저 환경에 적응하는 것만이 아니라, 적응하면서 쾌적하게 살아갈 수 있는 최상의 상황을 계속 선택해 나가는 과정이었다. 예를 들면 수렵·채집이라는 노동에 의해 활동량이 증가하고 체온이 올라가자, 그때까지 온몸을 덮고 있던 체모가 차츰 줄어들었다. 그 체모가 땀선으로 바뀌었고, 땀을 내어 체온을 내는 구조로 변화되었다.

그것이 바로 몸 상태를 쾌척하게 유지하기 위한 장치인 자율신경계 시스템이다. 자율신경계 시스템이란, 예를 들어 수면이 필요하면 뇌에 '멜라토닌'이라는 졸린 물질을 만들고, 또 몸에서 에너지를 필요로 하면 '배가 고프다, 뭔가 먹고 싶다'라는 욕구를 느끼게 한다.

수면욕·식욕·성욕은 매우 흡사한 면이 있다. 누구나 가지고 있는 기본적인 욕구이며, 그 욕구가 감소되면 생명 활동 역시 활기를 느끼지 못한다. 일단 욕구가 채워지면, 더 이상 몸에서 그것을 받아들일 수 없게 되는 점도 아주 비슷하다. 이러한 기본적인 욕구는 뇌의 중추신경계에 따라 조절된다.

욕망이 충족되면 '가바(중추신경계에서 신경전달 물질로 작용하는 아미노산)'라는 호르몬이 만들어져서 제동을 건다. 아무리 쾌적하더라도 욕망을 충족시키는 것에만 몰두하면 우리의 생명이 위험에 노출되기 때문이다. 그러나 인간의 성(性)은 상당히 복잡하다. 인간은 포유류 중에서 유일하게 발정기가 없는 생물이다. 그 대신 성을 정신세계로 끌어들여 애정, 취향, 쾌락 추구라고 하는 생식 행위와는 별개의 행위가 가능해졌다.

자위행위도 인간에게만 나타나는 특징이다. 원숭이에게 자위를 가르칠 수는 있지만, 그것은 조건반사적 행위이지 상상력을 동반하는 것은 아니다. 우리 인간은 실제 눈앞에 그 대상이 없어도 상상력으로 실제의 성행위에 해당하는 행위를 취할 수 있다. 인간이 동물과 결정적으로 다른 것 중의 하나가 바로 이러한 상상력을 가지고 있다는 점이다.

이와 같은 행복감이나 쾌감을 동반하는 화학반응계는 굉장히 복잡하며, 위산이나 소화액의 분비와는 비교도 안 될 만큼 우수한 고도의 반응계다. 이 구조에 관해서는 아직도 과학적으로 해명되지 않은 부분들이 상당히 많다. 그러나 이렇게 복잡한 고도의 반응계가 약간의 의식 변화나 상상력이 원인이 되어 일어난다는 것은 참으로 놀라운 사실이 아닐 수 없다.

진화에 관한 고찰은 우리에게 실로 많은 것들을 일깨워 주고 있다. 그리고 유전자가 얼마나 강력한지, 산다는 것이 무엇을 의미하는지에 대해 심오한 메시지도 깨닫게 해 준다. 그 심오한 메시지란 바로 유전자의 궁극적인 목적이 환경의 변화에 적응하고, 쾌적하게 살고, 최상의 상황에서 살아남는 것에 있다는 것이다. 즉, 설령 어떠한 환경에 처하게 될지라도 살아남기 위해 우리는 태어난 것이다.

우리의 몸을 구성하는 약 60조 개의 세포 하나하나에는 '산다', '살아남는다'라는 목적이 뚜렷하게 새겨져 있다. 인간이 보다 나은 삶을 살기 위해서는, 의식을 가진 개체로서만이 아니라 세포가 즐거워하는 일도 할 필요가 있다. 이제는 뇌뿐만이 아니라 60조 세포까지도 즐겁게 해 주는 것이 중요하다.

04
긍정의 언어로 바꾸는 방법

우리의 뇌와 세포를 즐겁게 해 주는 방법에는 '낙천적인 사고'만큼 좋은 것이 없다. 낙천주의자가 되기 위해 가장 좋은 방법은 일상의 언어를 모두 부정에서 긍정으로 바꾸는 것이다.

다른 사람이 나를 위해 어떤 일을 해 주면 '죄송하다'고 말하는 대신 '감사하다'라 말하고, '피곤하다'라 말하기보다는 '오늘도 열심히 일했다'라고 말하며, '운이 없다'라고 한탄하지 말고 '좋은 경험을 했다. 이제부터 반드시 더 좋아질 것이다.'라고 말하는 것이다.

무심코 입 밖으로 나오는 평소의 말버릇을 의식적으로 부정적인 언어에서 긍정적인 언어로 바꿔야 한다. 비관적인 표현도 적극적으로 피하고, 항상 낙관적인 방향으로 끌고 나가야 한다.

- 다 잘될 거야.
- 반드시 해내겠다.
- 나는 할 수 있어.
- 자, 힘내자!

    끝없이 밝은 미래에 희망을 맡겨 보길 바란다. 그렇게 하면, 좋은 일이라면 일어날 것이고 좋지 않은 일이라면 일어나지 않을 것이라는 낙천적이고 안정적인 마음가짐을 지닐 수 있다. 그리고 인생에서 일어나는 모든 일들은 자신에게는 좋은 일이기 때문에 일어나는 것이라고 받아들일 수 있는 여유도 생겨난다.
    이렇듯 낙천적인 생각으로 살아가다 보면 베타엔도르핀이라는 희열 호르몬이 점점 많이 분비되는데, 이 호르몬은 뇌를 활성화시킬 뿐만 아니라 자율신경계를 매개로 온몸의 세포를 활발하게 활성화시킨다.
    시험 삼아 당신이 세상에서 제일 좋아하는 사람의 이름을 소리 내어 불러 보라. 그리고 그 사람이 부드럽고 애정 어린 목소리로 당신의 이름을 부르는 모습을 한껏 상상해 보길 바란다. 갑자기 몸이 가벼워지는 느낌이 들 것이다. 바로 뇌와 세포 모두가 즐거워하는 일을 당신이 실행했기 때문이다.
    인간의 몸은 원래 쾌적하게 살아가도록 설계되어 있다. 불쾌하면 스트레스가 생기고, 유쾌하면 스트레스가 생기지 않는다. 개체로서의 인간도, 세포도 쾌적한 최상의 상태를 스스로 만들어 낼 수 있는 생명체이기 때문에 기나긴 도태와 진화의 역사를 통해서도 살아남을 수 있었던 것이다.

낙천적인 사고를 통해 뇌와 세포가 활성화되어 즐거운 상태가 된다는 정보가 우리의 유전자에게 새겨져 있다. 이는 곧, 인간은 본래 누구나가 낙천적인 소질을 가지고 태어난다는 뜻이다. 다른 동물들이 낙천적이라면 인간은 '위대한 낙천주의자'인 동시에 생물계 최강의 '우승팀'이다.

생명 시스템의 관제탑이라 할 수 있는 자율신경계는 마치 승리하기 위한 기계처럼 신체의 여러 곳을 정확하게 제어하고 있다. 그리고 그 어떤 생물보다 우수한 대뇌를 가지고 있으며, 복잡한 사고를 가능하게 하는 뇌신경회로와, 그 증식 방법을 결정하는 발현유전자도 갖고 있다.

진화라는 과정에서 살아남는 것 이상의 위대한 승리는 없다. 또한 현재 살아 있다는 것은 우리 모두는 계속해서 승리하기 위해 태어났다는 것을 의미한다. 최후의 빙하기를 살아남은 인류의 조상에서 비롯된 생물계 최강의 '우승팀 유전정보'가 인류 역사에 끝없이 이어지고 있으며, 이는 우리들 모두가 '우승팀 유전자'를 가지고 살아가고 있다는 증거다.

우리는 이 같은 사실에 더 많은 경의를 표해야 할 것이다. 그리고 인간으로서의 가치를 더욱 굳게 인식해야 한다. 뇌세포의 증식과 기억 영역을 증폭시켜 차세대에 물려줄 발현 유전자와, 엄청난 능력과 무한한 가능성이 입력된 '우승팀 유전자'의 스위치를 켜서 가능성의 한계까지 도달하는 삶을 살아야 하지 않을까.

> 말은 한 사람의 입에서 나오지만, 천 사람의 귀로 들어간다.
> — 베를린 시청의 문구

중국음식점을 하는 경규의 아들이 국어 시험을 보고 집에 돌아오자 엄마가 물었다.

엄마 : 오늘 시험 잘 봤니?
아들 : 한 개 빼고 다 맞았어요.
엄마 : 그래? 무슨 문제를 틀렸는데?
아들 : 보통의 반대가 뭐냐는 문제였어요.
엄마 : 뭐라고 썼기에 틀린 거야?
아들 : 곱빼기요.

Part 3

잠재력을
스스로 믿게 하라

자아 이미지는 나와 아이의 인생을 좌우한다.
커다란 포부를 안고, 멋진 자아 이미지를 그려 보라.
처음엔 터무니없는 생각으로 느껴질지도 모를 희망이
시간이 지나면 몸과 마음에 뚜렷하게 자리 잡게 된다.

01
아이의 인생을 좌우하는 자아 이미지

아이들마다 성격이 각각 다르다. 느긋한 아이가 있는가 하면, 성미가 급한 아이도 있다. 밝다, 친절하다, 속이 어른답다, 성실하다, 에너지가 넘친다…. 나의 아이는 부모인 나와 연결되는 단어를 과연 몇 개나 가지고 있는가?

누구나 '자신이 생각하는 나의 모습'과 '남이 생각하는 나의 모습'에 약간의 차이가 있다고 생각할 것이다. 그리고 틀림없이 그 차이를 생각하면서, '나는 이러이러한 사람이다'라고 나름대로 자신의 이미지를 가지고 있을 것이다. 그렇다면 그것은 과연 진실한 모습일까? 그리고 거기에는 어느 정도의 근거가 있을까?

다시 말해, 모두 다 나의 '믿음'일 뿐이다. 나는 '성격이 밝다' 혹은 '남도 그렇게 생각하고 있다'고 그저 확신하고 있을 뿐이지, 거기에 명확한 근거가 확실하게 있는 것이 아니다. 지금까지 살아오면서 부딪힌 여러 가지 일들과, 그때마다 자신의 말과 행동, 또는 가정환경이나 자신을 둘러싼 사람들의 영향 등으로 '우연히' 형성된 믿음이 당신의 자아 이미지를 결정하고 있는 것에 지나지 않는다.

다른 사람이 나를 어떻게 해석하고, 어떻게 평가하는지에 대해서도 마찬가지다. 변치 않는 사실은 거의 없으며, 그저 내 식대로 그렇게 확신하고 있을 뿐인 경우가 대부분이다. 하지만 그 어떤 자아 이미지라 할지라도 그것을 형성한 최종적인 책임은 바로 자기 자신에게 있다.

내가 나를 어떻게 받아들이고 어떻게 해석하는지는 자신의 문제다. 자신에 대한 다른 사람의 평가와 해석에 있어서도 그것을 어떤 의미로 받아들여야 할까는 스스로 하기에 달려 있다. 그리고 가장 중요한 사실은 한번 만들어진 자아 이미지도 언제든 바뀔 수 있다는 점이다.

의식적으로 마음속에 그리는 바람직한 자아 이미지가 지금까지의 자아 이미지보다 더욱 강렬하면 할수록, 놀라울 정도로 쉽게 과거의 자아 이미지가 새로운 것으로 바뀌게 된다. 자신의 모습에 대해 생각하고 확신하는 것은 그리 힘든 일이 아니다. 쓸데없는 열등의식 같은 것은 벗어던지고, '좋아하는 나'의 이미지를 가능한 한 많이 가져야 한다는 것을 기억하라.

즉, '되고 싶은 나', '이런 모습이고 싶은 나'를 적극적으로 상상하는 것이다. 다른 사람과 비교할 필요는 전혀 없다. 어디까지나 자신의 믿음이 가장 중요하니까. 그것을 다음과 같은 말로 나와 아이에게 들려주도록 하자.

- 나는 성격이 밝고, 사람들과 만나서 이야기하는 것을 좋아한다.
- 난 항상 열심히 일하며, 성실하다.
- 무엇보다 가족을 소중히 생각하며, 모두에게 사랑받는다.

또한 주위 사람들에게도 다음과 같은 말을 해 달라고 부탁해 보자. 그럴 경우, 상황을 고려한다면 더 이야기하기 쉬울 것이다.

- 이래 봬도, 저는 아주 공부도 잘하고 운동도 잘하거든요(사교적이거든요).
- 꼭 한번 제가 공부하는(일하는) 모습을 지켜봐 주세요. 틀림없이 믿음이 갈 거예요.

그 말을 한 순간부터, 이제까지 존재하지 않았던 또 다른 내가 태어난다. 마음으로 깊이 생각하여 그것을 말로 표현한 자신의 모습이 자율신경계에 의해 현실로 받아들여져 몸에 영향을 미쳐서 말한 것과 똑같은 상황을 만들어 내기 때문이다.

자아 이미지는 틀림없이 나와 아이의 인생을 좌우한다. 우리의 현재 모습은 과거에 우리가 생각하고 말했던 자아 이미지의 결과다. 따라서 미래의 모습도 현재의 생각과 말로 결정되는 것임을 잊지 말자. 능력이나 외모, 그리고 돈 역시 그 사람이 생각한 만큼의 수준까지만 이르게 되는 법이다.

 그것을 뛰어넘고 싶다면 더욱더 커다란 포부를 안고, 보다 멋진 자아 이미지를 그려 보라. 그리고 아이에게도 똑같이 실천하게 해 보라. 처음에는 터무니없는 생각으로 느껴질지도 모를 희망이 시간이 지나면 곧 몸과 마음에 뚜렷하게 자리 잡게 된다. 이것이 새로운 자아 이미지의 확립이다.

02
긍정 언어,
'되고 싶은 나'를 실현하다

헤어스타일이나 옷차림을 바꾸는 것만으로도 기분이 전환되는 것은 남녀 가릴 것 없이 누구나 경험하는 일일 것이다. 특히 여성의 경우는, 피부 마사지나 화장을 비롯하여 온몸에 멋을 내면 기분뿐만 아니라 자신에 대한 이미지도 크게 바뀐다. 그리고 왜 저렇게까지 할까 의아할 정도로, 수많은 여성들이 체중에 대해 신경을 쓰고 다이어트에 관심을 갖고 있다.

이렇듯 '이렇게 되고 싶다'라는 자신의 모습을 상상할 때, 얼굴이나 외모가 상당히 큰 비중을 차지한다. 자아 이미지 중에서도 외모에 관한 이미지는, 특히 여성의 경우 평생을 좌우할 정도로 중요하다. 이것은 외모가 여성에게는 자신감의 최대 근원이기 때문일지도 모른다.

자신의 외모에 불만을 가지고 있다면 어디서 무엇을 해도 늘 만족스럽지가 않다. 즉, 자기 자신을 사랑할 수 없기 때문에 남에게도 사랑받지 못한다고 생각하여 자신감이 부족해지고 불만족스러운 것이다.

'매력적인 여자'라는 것은 얼굴의 예쁘장한 생김새나 날씬한 몸매와는 전혀 상관이 없다. 마음의 내면에서 빛나는 것이 있는지 없는지가 문제인 것이다. 이렇게 말하면 '마음은 눈에 보이지 않는다. 그래서 사람들에게 무엇보다도 확실하게 어필할 수 있는 것이 필요하다.'라고 생각하는 사람도 있을 것이다.

하지만 사람을 감지하는 능력은 당신이 생각하는 것보다 훨씬 더 예리하다. '저 사람과 함께 있으면 무척 편하다.'거나 '함께 있으면 안심이 된다.'고 느껴지는 사람에게 우리는 무심코 다가가지 않던가. 내면에서 우러나오는 빛이 미소와 당당한 태도, 자신감 있는 행동, 침착한 말투 등에서도 저절로 드러나기 때문이다.

그렇다고 무리하게 억지웃음을 짓거나, 자세를 바르게 하는 것만으로 당신이 빛나게 되는 것은 절대 아니다. 상대방에게 아름다움이나 매력을 느끼는 경우는 참으로 다양해서 본인도 의식하지 못한 우연한 순간에 여실히 드러나기 때문이다. 따라서 부자연스러운 방법이 아니라, 자연스럽게 내면에서 빛을 발하는 것이 가장 이상적이다.

심리학에 '심리역학'이라는 분야가 있다. 그 학문에 따르면, 인간의 심리에 가장 많은 영향을 미치는 것은 사람과 사람과의 거리라고 한다. 인간은 자신과 가장 가까이에 있는 사람에게서 가장 강력한 심리적 영향을 받는다.

매일 시간을 내어 거울 속에 비친 나와 마주하라고 권하는 이유가 바로 여기에 있다. 거울을 계속 들여다보면 자신의 얼굴이 점점 마음에 들게 된다. 그러면 표정에도 변화가 생기고, 얼굴빛도 점점 좋아진다.

나의 최대 매력을 알고 있는 사람은 바로 나 자신이다. 원래부터 가지고 있던 자신의 매력을 모두 발견하여 다른 사람들에게도 느끼게 하려면 먼저 자기 자신과 친해져야 한다. 좋아하는 부분, 조금은 마음에 들지 않는 부분, 그 모두를 긍정적으로 바라보는 것이다. 그리고

- 내 얼굴은 정말이지 매력적이야. 틀림없이 모두 다 좋아할 거야.

라고 소리 내어 말해 보라. 6개월이나 1년 후에는 반드시 그 말처럼 되어 있을 테니까. 열등감이라는 것은 '약간의 불만과 조금의 불행' 감각이 다른 형태로 나타난 것이다. 따라서 선천적으로 미모가 출중한 여성이라 할지라도 나름대로 많은 불만과 콤플렉스로 괴로워한다.

다른 사람의 평가에만 신경 쓰지 말고 자기 자신을 믿는 것에서

부터 내면이 아름답게 빛나기 시작한다. '자신을 믿는다'는 것은 곧 '자신에 대한 신념을 갖는다'는 뜻이다. 그리고 그것이 가능해졌을 때 비로소 다른 사람을 신뢰할 수 있는 여유와 안목이 생긴다.

또한 마음이 설레고 즐거운 일에 열중하고 있으면 당신의 뇌에서 희열감과 행복감을 안겨 주는 베타엔도르핀과 엔케팔린이라는 호르몬을 분비하여 내면을 더욱 빛내 준다. 가장 대표적인 예가 바로 사랑이다.

교제까지 발전하지는 않더라도, 이성에 대한 두근거림만으로도 신체에 아주 좋은 영향을 미친다. 나는 "감기에 걸리는 것은 사랑하고 있지 않다는 증거다. 사랑을 하면 타액도 달라지는데, 면역력을 높이는 호르몬이 많이 포함되어 있어 감기 따위는 거뜬히 물리칠 수 있다."는 말을 자주 한다. 희열 호르몬은 부작용이 전혀 없는 천연 특효약인 셈이다.

이와 같은 원리에 따라, 자신을 '젊다'고 생각하는 사람은 실제로 젊음과 건강함을 유지할 수 있게 된다. 이 역시 위약(僞藥) 효과와 마찬가지로, 정말로 '젊다'고 믿는 사람들의 몸속에는 활력을 주는 베타엔도르핀과 같은 희열 호르몬이 많이 분비되기 때문이다.

'나는 예쁘다', '나는 젊다'라는 자아 이미지를 가진 사람은 그 말에 대해 단순한 믿음에 그치지 않고, 실제로 아름다움과 젊음을 유지하는 체내 생화학물질이 분비되어 몸속에서 그것을 실현시켜 나간다.

03
인격을 존중하는
품위 있는 언어

앞에서 말한 바와 같이, 한번 만들어진 자아 이미지도 더욱 강렬한 것으로 바꿀 수 있다. 아니, 몇 번이고 바꿀 수 있다. 되고 싶은 나, 이루고 싶은 꿈과 희망, 갖고 싶은 것들이 시간의 흐름과 함께 변하는 것은 당연한 일이다. 자아 이미지란 미래의 '나'로 향해 가는 중간 다리이며, 인생의 설계도와 같은 것이다. 인생의 깊이가 더해 감에 따라 설계도 역시 더욱 치밀하게 새롭게 그릴 필요가 있다.

어느 여성은 20대 마지막 해에 승용차를 구입하면서, 지금껏 지불하던 월세와 비슷한 금액으로 상환할 계획을 세워 은행에서 융자를 받았다. 아마 대개의 경우, 장기대출을 상환하느라 생활이 빠듯해져 여유가 없을 터였다. 하지만 그녀의 경우는 달랐다. 차를 산 지 불과 3년 만에 직장을 그만두고 미국으로 어학연수를 떠나 주위를 놀라게 했다.

"매월 빠져나가는 할부금은 저금으로 충당할 수 있어요. 그러기 위해서 3년 동안 열심히 일했거든요. 외국에 나가 있는 동안에도 계속해서 대출금이 줄어든다고 생각하면 마음이 뿌듯해요."

그녀는 덧붙이기를, 미국에서는 학교 기숙사에서 생활하기 때문에 학비를 포함한 모든 생활비가 지금보다 덜 든다고 했다. "그곳에서 1년 동안 착실히 공부해서 어학 실력을 발휘할 수 있는 일을 하고 싶어요."

귀국 후에 그녀는 자신의 계획대로 다시 취직했으며, 그전보다 연봉도 더 많이 받게 되었고 대출금 역시 훨씬 빨리 상환했다고 한다. 이처럼 끊임없이 자신을 발전시키려는 향상심(向上心)이 있는 사람은 지금까지의 케케묵은 자신의 모습에 연연해하지 않으며, 융통성 있는 사고로 새로운 의미를 부여하는 것에 능숙하다. 이는 새롭고 더 나은 자아 이미지를 확립하면 더욱더 바람직한 인생으로 방향을 전환시킬 수 있음을 이미 터득했기 때문이다.

그리고 진정한 의미의 향상심을 가진 사람은 강한 자존심을 갖고 있다. 자존심이 강하다고 하면 '자기 자신을 대단한 존재로 여기는 오만한 사람'이라고 생각하기 쉽지만 그렇지 않다. 여기서 말하는 자존심이란, 자신의 인격을 존중하고 품위를 지키는 것을 뜻한다. 자존심 있는 사람은 품위 있는 언어를 사용할 줄 안다.

- 우리같이 가난한 사람들은···.
- 그래 봤자 월급쟁이잖아.
- 바동거리면 뭘 하나? 기껏해야 중소기업의 과장밖에 안 되는걸.

이렇게 자신을 깎아내리는 말들을 피하는 대신,

- 아직은 여러 가지로 미숙하지만 앞으로는 잘 해낼 거야.
- 기술과 재능이 있어서 지금의 회사를 다닐 수 있는 거다.
- 회사 내에서의 지위는 실력이나 인격만이 아니라, 운에 따라서도 결정된다. 운을 움켜쥐는 것도 능력의 하나다.

라고 미래의 가능성을 담은 말을 하면 보다 긍정적인 대화와 태도를 이끌어 낼 수 있다.

현실이 어떻든 간에, 그 상황은 우리의 자율신경계에 직접적인 영향을 미치지 않는다. 단지 그 사람의 머릿속에 어떠한 자아 이미지가 형성되어 있고, 어떠한 직업관과 금전관을 가지고 있으며, 어떠한 언어를 사용하느냐에 따라 실제의 직업과 경제적인 조건이 달라진다.

만일 주변에 긍정적인 말로 적극적인 인생론을 펼치는 사람이 있다면, 사람들은 그를 전도유망한 인재로 눈여겨볼 것이다. 그리고 '저 사람과 이야기하면 기분이 좋아진다.'라며 자연스럽게 사람들이 그 주위에 모이게 된다. 이것이 바로 좋은 언어 습관의 효과다.

본디 '자존심'이란, 마음으로 남을 존경할 수 있는 사람만이 가지고 있는 자신에 대한 사랑이다. 그리고 '자기만족'이란 그와는 정반대로, 자신이 완전하지 않다는 것을 인정하는 인식이 깔려 있다. 자존심이 있기 때문에 자기 자신과 인생을 소중히 여기는 향상심도 생겨나는 것이다.

자존심이 없다면 배움이나 성장도 다 필요 없으며, 뭐가 어떻게 되든 상관없다. 따라서 자존심은 우리 인간이 보다 나은 삶을 살기 위한 최고의 보석이다. 자존심을 계속해서 갈고닦으려면 자신만이 아니라 다른 사람의 인격을 존중하고 품위 있는 언어를 선택하여 사용하는 것이 무엇보다 중요하다.

강조하건대, '말은 마음의 심부름꾼'이다. 말은 사람이 마음을 표현하는 심부름꾼 같은 존재로서, 그 사람의 말을 들으면 높은 이상을 가진 사람인지 아니면 저속한 사람인지를 알 수 있다.

04
밥상머리 교육으로 피우는 희망의 언어

5백만 년에 걸친 인류 진화의 역사가 가져다준 더없이 귀중한 재산을 알아보면 누구나 다 가지고 있는 '긍정의 유전자'를 통하여 우리 인간이 무한한 가능성을 타고난 존재임을 알 수 있다.

그럼에도 불구하고, 이렇듯 귀하고 귀한 재산을 제대로 활용하지 못하고 사는 사람들이 너무도 많다. 그 이유는 각자의 성장을 막으려는 '제한유전자' 때문이다. 무한한 성장을 지지하려는 긍정유전자와는 달리, 제한유전자는 항상 '기다려라, 기다려'라는 주문을 건다. 예를 들어 보자면,

- 나는 몸이 약해서 공부에 전념할 수는 없을 거야.
- 학력이 너무 뒤처져서 도저히 승진할 가망이 없어.
- 예쁘지 않아서 좋은 결혼 상대를 만나지 못할 거야.

이래서 안 되고, 저러니까 안 된다는 식이다. 이렇게 제한유전자가 발동하면, 그렇게 하고 싶지 않아도 '패배의식'이 불쑥불쑥 생겨난다.

본래 인간은 누구나 최상의 자아 이미지와 함께 최상의 인생을 살아갈 수 있도록 되어 있다. 그러나 좋지 않은 생각과 언어의 선택으로, 점차 자아 이미지를 망가뜨리고 만다. 이렇게 되면 최상의 인생을 살아가기는커녕, 보석을 쥐고도 돌처럼 구석에 내팽개치고 살아가는 꼴이 되는 것이다. 그렇다면 이러한 '패배의식'을 던져 버리고 '승리감'을 몸에 익히는 가장 좋은 방법은 과연 없을까?

언제나 각자가 실천할 수 있는 방법이 하나 있다. 그것은 '즐거움'이나 '기쁨'과 관련된 언어 습관을 통해, 제한유전자의 스위치를 끄는 것이다. 몸과 마음이 즐거워하는 말을 계속 사용함으로써, 그 힘으로 제한유전자의 벽을 넘는 것이다. 이러한 언어 습관이 효과를 거둬서, 나름대로의 멋진 삶을 사는 사람들도 많다.

낙천주의자들이 건강한 것도 같은 맥락이다. 고민한다고 다 해결되던가? 한탄만 한다고 이루어지던가? 이미 지나간 것에 감사를 느끼고 후회를 줄이며 좋았던 기억만 떠올리면, 미래에 대해서도 희망차고 즐거운 일만 상상하게 된다.

그러니 산처럼 높고 커다란 꿈과 희망, 지금부터 하고 싶은 일들에 대해 늘 이야기하자. 적어도 우리의 아이들에겐 그렇게 해야만 한다. 아침마다 하는 긍정의 기도가 그 역할을 하기도 한다.

자식을 위한 기도, 주변 사람들에 대한 기도. 이것이야말로 제한 유전자의 작용을 막는 '즐거움'의 언어가 아닐까 싶다. 그리고 주말에는 가족 여행을 떠나라.

점점 일인 가족이 늘어나다 보니 주변에 반찬 가게가 즐비하고 우리 아이들은 패스트푸드로 끼니를 때우는 경우도 허다하다. 밥상머리 교육이 왜 필요할까? 예전에는 가족이 밥을 먹으며 이런저런 이야기꽃을 피웠다. 그런데 요즘은 가족인데도 얼굴 보기가 힘들다고 한다.

가족끼리 오랜만에라도 모여 긍정의 인사를 하자. 아이에게 칭찬의 말을 하고 잘된다는 희망의 언어를 전하자.

> 가정에서 마음이 평화로우면 어느 마을에 가서도 축제처럼 즐거운 일들을 발견한다. - 인도 속담

Part 4

상상만으로 달라지는
아이의 미래

"거짓말도 백 번 하면 진실이 된다."는 말처럼,
진실로 믿고 이야기한 꿈은 반드시 현실이 된다.
우리 아이에게도 부디 희망하는 이미지를
선명하게 마음속에 그려 머릿속에 입력하기 바란다.

01
거짓말도 반복하면 진실이 된다

항상 긍정적인 말을 사용하면 인생이 밝고 진취적으로 변한다.

- 해마다 점점 좋아지고 있다.
- 꼭 할 수 있어, 어쨌든 해 보자.

강사인 우리들은 이러한 언어 습관을 가지고 사는 편이다. 왜냐하면 남 앞에 서면서 언행일치가 되지 않으면 학습자들은 이미 눈치를 채기 때문이다. 그래서 남들보다 몇 배 더 공부하여 남 앞에 서는 것이다. 입으로만 떠드는 강사가 아닌 가슴으로 하는 강의를 하기 위해 늘 노력한다. 그리고 좋은 강의를 하자고 끊임없이 말하면서 꿈을 확실하게 현실로 만들어 왔다.

강의 스케줄에 따라 사람들 앞에서 이야기할 기회가 많다. 열심히 강사의 이야기에 귀 기울여 주는 많은 사람들에게 열정과 성심을 다해 "아이들은 부모가 믿어 주는 만큼 성장한다. 믿어 주고 격려해 주라."고 계속해서 전하고 있다.

- 꿈과 희망을 가지고 있으면, 몸과 마음이 활발히 움직인다.
- 우리 아이들의 뇌에는 자신들의 꿈을 실현시키기 위한 장치가 마련돼 있다.
- 그 장치를 잘 활용하려면 좋은 언어를 계속 사용해야 한다.
- 언어 습관이 아이의 인생을 만든다.

이렇듯 쉽게 접할 수 있는 예를 풍부하게 인용하면서 이론적인 설명을 덧붙이기도 하며, 어른들의 꿈에 대해 구체적으로 이야기하는 경우도 종종 있다. 강사의 의도를 이해하고 실천에 옮기기 시작한 사람들은 아이들을 대하는 태도가 변화되고 점점 얼굴색과 표정이 좋아지며, 아이들의 꿈을 실현시켜 나가고자 하는 열의로 가득 차 있다.

그 기쁨의 태도는 강의를 하는 우리들에게도 커다란 기쁨이자 보람이다. 그리고 말하는 강사 역시 강의에서 이야기하는 그 언어의 축복을 고스란히 온몸으로 받아들이고 있다. 스스로가 한 모든 일들이 인생으로 다시 되돌아오고 있는 것이다.

"강사님은 말한 것과 똑같은 인생을 살고 있네요. 말과 현실이 일치하고 있어요." 이런 말을 자주 들을 때 우리는 행복하다. 그 말이 당연한 것은, 말은 그 말을 내뱉은 사람에게 가장 커다란 영향을 미치기 때문이다. 다시 말해 언행의 일치라기보다는 말한 대로 세상이 움직인다는 신념이라고도 할 수 있다. 또한 구체적으로 꿈에 관해 더 많은 사람들에게 이야기한다면 실현 속도가 한층 더 빨라질 수 있다.

언젠가 이런 일이 있었다. 국민연금공단 세미나를 열었을 때, 강의를 꼭 한번 듣고 싶다며 40여 명의 사람들이 모였다. 공저한 세 명의 강사 중 막내인 나는 대인관계 강의에서도 항시 자녀 교육을 위한 말의 중요성을 강조하는 편이다.

그리고 내 아이를 키울 때의 경험을 이야기하며 아이들의 비전 이야기도 해 준다. 부모가 비전을 가졌을 때와 비전 없이 무작정 아이를 키울 때와는 결과적으로 큰 차이가 있기 때문이다.

나를 잘 알고 있는 사람들은 "새로운 꿈을 이야기하고 있구나 하고 생각하는 사이에, 선생님은 어느새 그 꿈을 이루었네요. 마치 처음부터 다 이뤄져 있었던 것 같아요. 게다가 그 실현 속도가 무척 빠르네요."라며 맞장구를 쳐 주었다.

이 모든 것이 가능했던 것은 나에게 꿈을 말할 수 있는 기회가 주어졌기 때문이며, 여러 사람들이 열심히 내 이야기를 들어 준 덕분이다. "거짓말도 백 번 하면 진실이 된다."라는 말처럼, 진실로 믿고 진실로 이야기한 꿈은 반드시 현실로 이루어지게 되어 있다.

 우리 아이에게도 부디 희망하는 것의 이미지를 보다 선명하게 마음속에 그려서 머릿속에 입력하기 바란다. 자신이 그토록 염원하는 것을 말로 표현하면 할수록 한층 더 깊이 뇌에 새겨진다는 것을 잊지 말라.

 꿈을 계속 간직하고 있으면 반드시 실현할 때가 온다. － 괴테

02
상상력이 주는 커다란 힘

많이 들어 보셨겠지만 우리 뇌는 진짜와 가짜를 구분하지 못한다고 한다. 그래서 손바닥에 아주 신 레몬이 있다고 상상하고 '아휴, 시어라!' 하면 어느새 입안에 침이 고이는 것을 알 수 있다.

마음껏 상상하라. 상상은 한계가 없기 때문에 지식보다도 힘이 세다. 우리의 뇌가 어떤 정보를 받아들이면서 그것을 아무런 의심 없이 믿어 버리면 그 일은 현실에서도 그대로 이루어질 수 있다. 우리의 뇌는 그것을 현실과 똑같이 경험하고, 현실보다 더 위력적인 힘을 발휘하기 때문이다.

상상한 이미지는 뇌 속에서 직접 만들어진 것이고, 시각적인 인식은 외부에서 들어온 시각 정보가 뇌 속에서 재구성된 것이라는 점에서 입력된 경로만 다를 뿐, 뇌 속에서는 똑같이 하나의 영상으로 존재한다.

아이와 미래를 상상한 영상 자료를 만들어 보자. 아이와 부모가 목표하는 모습을 사진으로 찍어 놓고, 매일 되풀이해서 잠재의식 속에 입력하면 사진에 찍힌 모습이 현실 세계로 변해 갈 것이다. 유명한 심리학자인 맥스웰 몰츠 박사도 인간의 뇌가 실제로 일어난 일과 그것을 선명하게 그린 이미지를 구별하지 못한다고 단언한 바 있다.

상상을 이용한 이미지 요법은 지금으로부터 100년 전의 심리학에서 출발해 30년 전 최초로 스포츠에 도입되었다. 시합을 앞둔 운동선수들에게 효과가 있다는 것이 알려지면서 언제부턴가 목표 달성을 위한 강력한 수단으로 활용되고 있다.

보통은 일의 원인이 먼저 나오고 결과가 나중에 나타나지만, 상상의 세계에서는 결과인 성공 이미지가 먼저 만들어지면 거기에 맞는 프로세스가 나중에 만들어진다. 그래서 원하는 것을 분명하게 그릴 수만 있다면 구체적인 아이디어는 일을 해 나가는 과정에서 얼마든지 찾아낼 수 있는 것이다. 상상력이 특별히 중요한 의미를 갖는 것은 이 능력이 바로 인간이 가진 창조력의 바탕이 되기 때문이다.

상상에서부터 창조를 시작하라. 자신이 원하는 것을 그려 낼 수 있을 때 우리는 목표를 정할 수 있고, 행동할 방향을 알게 된다. 자신이 원하는 이미지를 가능한 한 실감나게 구체적으로 그리는 것이 중요하다. 어느 쪽이든 뇌는 생각하는 대로 에너지를 만들어 낸다. 아이와 항상 좋은 것을 상상하라. 반드시 좋은 결과를 낼 것이다.

> 자식들은 우리를 변하게 한다. 그들이 살아 있건 아니건 간에….
> – 로이스 맥마스터 뷰올

03 미래를 구체적으로 이미지화하라

어느 부부의 이야기다. 남편은 젊었을 때부터 분양 맨션을 보고 다니는 것이 유일한 취미인, 조금은 독특한 사람이었다. 이번 휴가에는 어디로 사전 답사를 갈까 하고 주택 정보를 모으는 데 여념이 없을 정도였다. 현재 건축 중인 맨션의 견본주택과, 아주 좋아 보이는 건물인네노 임자가 아직 나타나지 않는 중고맨션 등, 둘러보고 싶은 곳들을 열거한 후에 한 군데씩 직접 찾아 나선다.

그러나 분양 맨션이라면 어디든 상관없이 찾아가는 건 절대 아니었다. '초호화 맨션', 즉 최고급에만 대상의 폭을 좁혀서 그곳에 어울리는 멋진 옷을 차려입고 나갔던 것이다. 부인 역시 휴일만 되면 남편과 함께 초호화 맨션을 둘러보러 다녔다.

남편이 이런 취미를 갖게 된 이유는 너무도 단순했다. 20대 중반에 결혼한 젊은 부부에게 영화를 보거나 쇼핑을 하고 레스토랑에 가서 맛있는 음식을 먹을 만한 금전적인 여유가 없었기 때문이다. 적어도 생각만이라도 멋지게 해 보자는 의도였는지는 몰라도 그들로서는 도저히 상상할 수 없는 초호화 맨션을 둘러보면서 비록 한순간일지라도 부자가 된 기분을 맛보았던 것이다.

둘러보는 곳마다 볼 만한 가치가 충분한 건물들이었다고 한다. 디자인이 세련된 현관문을 열고 들어서면 10평은 족히 넘는 넓은 거실과 사용하기 편해 보이는 부엌과 식당, 열 개의 침실과 게스트룸까지 갖추어져 있었다. 두 사람은 주저하는 기색도 없이, 방들을 하나하나 차근차근 살펴보면서 뇌에 뚜렷하게 새겨 넣었다.

"음, 상당히 좋군요. 인테리어도 훌륭하고 구조가 아주 잘 나왔어요." "정말 그래요, 채광도 무척 좋아요." 직원의 안내를 받으며 두 사람은 마치 당장 구입이라도 할 것 같은 대화를 나누었다. 이때도 자율신경계는 언어의 메시지를 하나도 빠뜨리지 않고 해독하고 있다. 바로 그 점을 알고 있었던 두 사람은 스스로에게 계속해서 좋은 말을 해 주었으며, 언젠가는 반드시 이런 집을 마련하겠다는 각오를 다졌다.

그로부터 약 20년 후, 마침내 두 사람은 그토록 염원하던 초호화 맨션을 구입했다. 부부는 '라이프 스케줄'에 맞춰 일하던 회사를 그만두고 함께 사업을 시작했으며, 열심히 노력하여 순조롭게 매출을 올렸고, 착실히 자금 관리를 해 온 끝에 그들의 소원을 이루게 된 것이다.

언젠가 그 집에 초대받아, 눈이 번쩍 뜨일 만큼 멋진 집을 구경한 적이 있다. 그때 넓은 거실에서 홍차를 마시면서 부부가 들려준 이야기가 아직도 인상에 강하게 남아 있다.

"사실 집사람은 소중한 주말만큼은 백화점에 가서 실컷 쇼핑을 하고 싶어 했어요. 하지만 돈이 없어 하는 수 없이 나를 따라다니면서 점점 초호화 맨션을 둘러보는 것에 흥미를 갖게 된 것 같아요. 그 경험이 쌓여, 우리는 장차 구입할 맨션의 크기와 디자인, 감촉, 냄새까지도 또렷하게 손에 잡을 수 있을 정도까지 마음속에 그리고 또 그릴 수 있었거든요."

한마디로, 비록 지금 당장은 살 수 없어도 반드시 사겠다는 생각으로 호화 맨션들을 둘러보았거나 아니면 돈이 없어도 '있다'고 믿고, 그렇게 행동함으로써 꿈을 꿈으로 접지 않는 의지력을 발휘했던 것이다. 있을 수 없는 일이라고 생각하면 꿈은 현실로 나타나지 않는다. 진정으로 원하고 진정을 믿하게 되면 그 바람이 실현될 확률은 한없이 높아진다.

상상 체험이란 그저 막연하게 꿈을 마음속에 그리는 것이 아니라, 마치 영화의 한 장면처럼 실제로 시각화하는 것을 말한다. 그 목표가 달성되었을 때의 자신의 모습을 상상하는 것만으로도 몸이 뜨거워지고 마음이 두근거리는 정도까지, 뇌에 확실하게 시각화할 필요가 있다. 이것이 가능한 사람이라면 그 어떤 일이든 자신의 목표 달성을 향해 착실하게 나아갈 수 있다.

하루에 한 번, 5분 동안만 상상 체험을 해 보기 바란다. 6개월 가량 지나면 실제로 150번이나 그것을 경험한 것처럼 자율신경계 곳곳에 그 꿈들이 새겨진다. 인간의 몸은 뇌의 기억 속에 저장된 것과 똑같은 것을 현실화시키려고 하는 성향이 있다. 그 때문에 좋은 경험을 또다시 맛보려는 열망에 똑같은 상황을 만들어 내려고 한다.

그대의 꿈이 한 번도 실현되지 않았다고 해서 가엾게 생각해서는 안 된다. 정말 가엾은 것은 한 번도 꿈을 꿔 보지 않았던 사람들이다.

- 에센 바흐

04
희망을 실현하는 상상 체험

많은 사람들이 '돈이 생기고 시간이 지나면 그때 가서 하고 싶은 일을 할 생각'이라고 말한다. 하지만 그 즐거움을 뒤로 미루지 않아도, 언제 어디서든 비용을 들이지 않고 지금 당장이라도 실천에 옮길 수 있는 방법이 있다. 그것은 바로 '상상 체험'이라는 새로운 차원으로의 출발이다.

정류장이나 역까지 걸어가는 동안이나 지하철 안에서, 또는 식사 후나 오후에 차를 마실 때, 목욕을 하거나 잠자리에 들기 바로 전에 잠깐의 시간을 이용하여 상상의 나래를 펼쳐 보기 바란다. 모두에게는 나름대로 각각의 행복 이미지가 있다. 내가 간절히 바라는, 나만의 이상적인 미래상이 있을 것이다.

- 되고 싶은 나의 모습

- 해 보고 싶은 일
- 갖고 싶은 것
- 달성하고 싶은 인생의 목표

　이것들을 하나씩 정성껏, 그리고 가능한 한 상세하고 뚜렷한 영상으로 나타날 때까지 마음속으로 그려 보고, 그 영상을 뇌에 기억시키는 시도를 끊임없이 해 보길 바란다. 이때, 그저 머리로만 상상하기보다는 그 영상을 말로 표현한다면 뇌가 그 의미를 더 잘 파악할 수 있게 되어 상상할 수 있는 모습도 늘어 가게 된다. 노트 한 권을 준비해서 기록해 두는 것도 효과적이다.
　앞에서도 말했듯이, 뇌의 자율신경계는 현실과 상상의 구별이 없어 현실에서 일어난 일과 상상을 통해 마음속에서 일어난 일을 구분하지 못한다. 과거·현재·미래의 구별도 없으며, 인칭의 구별도 없다. 따라서 상상한 모든 것들을 지금 나에게 실제로 일어나고 있는 일이라고 받아들여서 직접 몸에 작용을 가하기 시작한다.
　그 상상의 내용이 즐거우면 즐거울수록 희열 호르몬이 다량으로 분비되는데, 면역력을 높이는 SIgA(글로블린 타액선호르몬), 통쾌감을 안겨 주는 베타엔도르핀, 기쁨과 만족감을 가져다주는 A10 신경의 도파민 등이 그것이다. 이러한 호르몬 물질은 모세혈관을 확장시켜 혈액순환을 좋게 하고, 스트레스를 해소시켜 황홀한 상태와 비슷한 좋은 느낌과 의욕을 심어 준다.

마음의 '즐거움'이 신진대사의 리듬을 활발하게 하여 체내의 세포 하나하나를 기쁘게 해 준다. 한번 해 보면 즐거워서 멈출 수가 없게 되고, 습관화되면 몸과 마음이 몰라보게 좋아진다. 그리고 상상 체험의 내용이 명확한 목적과 목표의 메시지로 대뇌에 전달되면, 뇌에 있는 시스템이 그 희망을 실현시키기 위해 가동하기 시작한다.

한 가지 주의할 점은, 상상 체험은 어디까지나 밝은 미래의 꿈이나 희망을 그리는 것과 관련이 있다는 것이다. 비관적인 미래, 불안이나 걱정거리와 같이, 일어나기 않기를 바라는 것을 억지로 생각해 급기야 뚜렷한 영상으로 뇌에 기억시키는 등의 일은 절대 해서는 안 된다.

우리가 상상하는 걱정의 80퍼센트는 일어나지 않는다고 한다. 일어나는 것은 나머지 20퍼센트인데, 그중 80퍼센트는 순서대로 정리해서 준비하고 대응한다면 걱정한 것처럼 되지 않고 잘 해결될 수 있는 것들이다. 정작 그때가 되지 않으면 손쓸 방도가 없는, 다시 말해서 진짜 걱정해야 되는 걱정거리는 전체의 4퍼센트에 지나지 않는다.

자기 암시의 세계 권위자인 프랑스의 의학박사 에밀 쿠에는 자기 암시에 관한 다음과 같은 법칙을 세웠다.

법칙1 의지력과 상상력이 싸우면 반드시 상상력이 승리한다.

법칙2 의지력과 상상력이 일치하면 그 힘은 융합되는 것이 아니라 쌓이는 것이다.

법칙3 상상력은 유도해 낼 수 있다.

의지력보다 상상력을 우선으로 여기는 것이 일을 성취하기 쉽다는 뜻이다. 예를 들어, 내가 좋아하지도 않는 일을 해야 할 경우에는 되도록 상상력을 발휘하여 즐거워지는 방향으로 이끌어가는 것이 좋다.

이렇게 기적과도 같은 뇌 기능을 통해 희망을 달성하려면 우선 낙천적인 '즐거움'의 상태를 유지하는 것이 가장 중요하다. 덧붙여 사랑과 감사의 마음을 잊지 않고, 마음을 풍요롭게 일구어 나가는 것도 중요하다.

뭔가에 감사함을 느끼게 되면 그때마다 마음의 토지가 더욱더 비옥해진다. 그렇게 충분히 영양분을 비축한 토지에 미래 지향의 씨를 뿌려 보자. 토양이 좋으면 금방 싹을 틔우게 되어 생각하고 바라던 일이 빨리 열매를 맺게 된다. 그리고 토지가 좋으면 마르지 않고 오래도록 비옥한 상태를 유지하게 된다.

삶은 우리가 무엇을 하며 살아왔는가의 합계가 아니라 우리가 무엇을 절실하게 희망해 왔는가의 합계이다. - 호세 오르테가 이 가세트

💬 말, 말, 말

- 인간은 언어, 즉 말을 통해 생각하며 의식과 사고를 형성하고 있다.
- 의식적으로 말을 하면 기분과 의식, 그리고 생각까지도 조절할 수 있다.
- 말을 사용하는 방법의 습관, 즉 언어 습관을 바꾸자. 그렇게 하면 사물을 받아들이고 사고하는 방식의 습관(사고 습관)도 좋은 방향으로 전환될 수 있다.

05
항상 현재형으로 말하라

우리는 가슴속에 사랑과 마음을 한없이 품고 있다. 누군가를 사랑하면 사랑할수록 그 사랑은 계속 늘어만 간다. 감사하면 할수록 마음 또한 충만해진다. 이렇듯 사랑과 감사는 쓰면 쓸수록 커져 간다. 즉, '마음의 에너지'인 셈이다.

- 인간이란 멋진 존재다. 아름다운 사랑을 할 수 있으니까 말이다.
- 누군가를 좋아하게 되면 사랑의 힘으로 강해질 수 있다.
- 내 남편이야말로 가장 사랑스러운 사람이고, 영원한 연인이다.
- 사랑 때문에 내가 빛나고, 상대방도 더욱 빛나는 사랑이야말로 진정한 사랑이다.

이러한 생각들을 솔직하게 표현하면, 자신뿐만 아니라 주위에서도 변화가 일어난다.

- 많은 사람들의 도움과 격려, 호의와 우정, 그리고 사랑이 있었기에 지금의 내가 있는 것이다. 우선 그 사실에 감사할 따름이다.
- 어쩌면 이렇게 운 좋은 멋진 사람이 이어질까.

이와 같이 딱히 정해진 대상이 아니더라도, 언제나 '감사합니다'라고 자연스럽게 표현할 수 있는 사람은 하루하루의 삶을 매우 윤택하게 만들어 나갈 수 있다.

그런데 인간의 의식은 참으로 자유분방하고, 제멋대로인 구석이 있다. 주위 사람들에 대한 사랑과 감사, 그리고 아름다운 추억에 빠져 있을 때, 불현듯 누군가기 속없이 던진 한마디 말을 떠올려서 완전히 흥을 깨뜨리는 경우가 있다. 그리고 이상적인 미래를 상상하면서도, 바쁜 현실의 생활 리듬에 영향을 받아 집중력을 흐리는 경우도 있다.

이처럼 자율신경계는 기분이나 분위기에 크게 영향을 받는다. 예를 들어, 졸업식에서 졸업식 노래가 흘러나오면 금방 눈물을 글썽이는 것은 자율신경계가 그 장소의 분위기에 곧바로 반응하기 때문이다. 따라서 사랑과 감사의 마음을 느끼거나 집중해서 상상 체험을 하려면 그와 어울리는 적절한 분위기를 만드는 것이 중요하다.

텔레비전을 끄고 혼자서 조용히 좋아하는 음악을 틀어 놓고 편안한 상태에서 깊이 명상하는 듯한 기분으로 임하는 것이 좋다. 명상이 차츰 익숙해지면 주위가 아무리 시끄러워도 자신만의 세계로 빠져들 수 있게 된다. 상상력은 상상의 나래를 펼침으로써 더욱더 강하게 단련되기 때문에 마음속에 떠오르는 사소한 잡념들을 능숙하게 떨쳐 버릴 수 있다.

또한 의식이나 자율신경계는 무엇보다도 말(言)에 가장 크게 반응한다. 그저 머리로만 상상하는 것이 아닌, 말로 표현하거나 글로 써 보는 것이 중요한 이유가 바로 여기에 있다. 보다 나은 상상 체험을 하려면 그것을 다른 사람에게도 진지하게 말하는 것이 가장 좋다. 그때 생각지도 못한 것을 발견하거나 이제껏 보이지 않았던 것이 보일 수도 있으며, 꿈을 이루는 뇌의 장치를 최상의 상태로 유지할 수 있다.

그 진지한 이야기가 상상 체험의 감동과 일체가 되면 자신만의 '성공 키워드'도 만들어진다. 실제로 성공 키워드가 대단한 이유는 자신이 표현한 말에 따라 얼마든지 변화를 일으킬 수 있다는 점에 있다. 말이 순간적으로 의식 공간을 만들어 마치 컴퓨터의 환경 설정이 변경되듯 한순간에 자신의 모드가 바뀌어 버린다.

한 가지 주의해야 할 점은 모두 현재형으로 말해야 한다는 것이다. '언젠가 그렇게 되면', '일이 잘되면'과 같이 조건부 미래형이 아니라, '나는 이렇게 한다', '나는 이렇게 된다'와 같이 무조건적이며 현재도 계속 그렇게 하고 있다는 식으로 진취적인 표현을 해야 한다.

  자신이 바라고 있는 것, 얻고 싶은 것, 되고 싶은 상태를 현재형의 말로 표현하면 신기하게도 그것이 전부 실현된다는 것을 상당히 일찍부터 깨우친 셈이다. 가정법으로 말하는 사람들의 바람이나 희망이 거의 실현되지 않은 것을 알고 있었기 때문인지도 모른다. '말한 것이 현실이 된다'라는 원리를 몸소 깨닫는 날이 올 것이다.

> 만약 당신이 꿈을 꿀 수 있다면 그것을 이룰 수 있다. 언제나 기억하라. 이 모든 것들이 하나의 꿈과 한 마리의 쥐로 시작되었다는 것을.
>
>   - 월트 디즈니

Part 5

잠자는 뇌를 깨워라

뇌에 있는 자동 목적 달성 장치를 잘 사용하면
미래의 꿈과 희망을 달성할 수 있다.
그저 명확한 메시지를 자동 목적 달성 장치로
전달해서 스위치를 켜는 일만 하면 된다.

01
꿈을 이루는 구체적인 비전

아이를 키우며 우리는 수없이 많은 시행착오를 겪는다. 아이들은 부모에게 아마도 속으로 '자기도 공부 못한 것 같은데 왜 우리에게 강요해?'라며 반발할지도 모른다. 우리가 못해 봤기에 너희라도 잘하라는 뜻이라고는 생각도 못 해 볼 것이다. 그러니 지금부터라도 우리가 잘해야 한다. 자식이 잘되는 것만큼 기쁜 일이 어디 있나?

- 인간에게는 본래 꿈을 실현시키기 위한 장치가 마련되어 있다.
- 대뇌의 상상력과 자율신경계의 연동에 의해 모든 것이 실현된다.
- 이렇게 될 수 있는 가장 큰 요인은 바로 언어 습관이다.

이 모두가 정신과 신체, 양쪽 모두에서 과학적으로 증명된 사실이다. 여기에서는 뇌신경계 시스템인 '꿈을 이루어 주는 장치'에 대해 더욱 자세하게 설명하고자 한다.

인간의 자율신경계는 뇌에 입력된 목적을 자동으로 달성해 나가는 '자동 목적 달성 장치'인 셈이다. 이 장치는 항공기나 미사일에 탑재된 자동 조종 장치 시스템과 같다. 자동 조종 장치(오토파일럿)를 제어하는 컴퓨터는 인간의 뇌를 모방하여 만들어진 것이다.

자동 조종 장치는 캄캄한 어둠 속에서도 보이지 않는 먼 곳의 목적지까지 정확히 비행할 수 있도록 그 구조가 매우 정교하다. 만일 이 자동 조종 장치를 해제하고 수동 조종으로 전환한다면, 육안으로 보이는 범위에서 벗어날 수 없는 유시계(有視界) 비행 방식과 같은 상태에서 항상 주위를 이리저리 살피면서 앞으로 나아가야 할 길을 찾아야만 한다.

우리 인산 역시 뇌에 있는 자동 목적 달성 장치를 잘 사용하면 미래의 꿈과 희망을 달성할 수 있다. 우리는 그저 명확한 메시지를 자동 목적 달성 장치로 전달해서 자동 조종 장치의 스위치를 켜는 일만 하면 된다. 항상 꿈과 희망을 마음속 깊이 새기고, 그것을 말로 표현하면 되는 것이다.

그러나 아무리 엄청난 목표를 세웠다 하더라도 상상 체험을 통해 실제로 자동 목적 달성 장치에 입력하지 않으면 그 목표를 달성할 수 없다. 또한 시간이 흐름에 따라 점점 현실이 불안하다고 느끼기 시작하여 자신의 선택이 '잘못된 것이 아닐까?' 하고 후회하거나 '이렇게 하지 않는 것이 좋았을지도 모른다.'라고 갈등하게 되면 시스템에서 차질을 빚기 때문에 목표를 달성할 수 없다.

주변에 아는 지인 L씨가 있는데, 그는 입버릇처럼 매일매일 빠뜨리지 않고 스스로에게 말했다.

- 오늘도 멋진 하루가 될 거야.
- 나는 정말로 행복해.
- 아버지·어머니, 고맙습니다.
- 나의 밝은 미래가 점점 눈앞에 펼쳐지고 있다.

그는 눈을 크게 뜨고 어깨를 활짝 펴고 몸을 앞으로 내밀면서 커다란 목소리로 아침마다 성공의 키워드를 세 번씩 외쳐 댔다.

사실 이분의 어머니는 몇 년 전에 돌아가셨으며, 공무원이던 아버지는 그가 철들기 전에 돌아가셨기 때문에 아버지의 얼굴을 사진으로밖에 본 적이 없다. 그럼에도 그는 '나에게 생명을 주신 부모님께 감사한다. 이렇게 큰 꿈을 갖고, 멋진 사람들과 만나서 일할 수 있게 해 주셨다. 나는 정말 행복한 사람이다.'라는 생각을 말로 표현했으며, 하루의 시작으로 삼았던 것이다.

그의 그런 모습이 얼마나 감동적이었는지 모른다. 뚜렷한 목적과 목표를 가지고, 그것을 감사의 말과 더불어 늘 반복해서 표현함으로써 그 강렬한 메시지를 뇌에 전달하여 자동 목적 달성 장치의 스위치를 켠 것이다. 그리고 자동 조종 장치가 반드시 목적지까지 데려다준다고 굳게 믿으면서 안심하고 앞을 향해 나아갔을 뿐이다.

행복행 티켓을 손에 넣자 L씨에게 무슨 일이 일어났는지 상상이 되는가? 그는 어느새 자신의 꿈을 현실로 이루어 주위를 깜짝 놀라게 했다. 처음에는 그저 작은 아파트에 사무실을 차려서 부인과 단둘이 작은 회사를 시작했다. 어떻게 하면 회사를 크게 키울 수 있을지에 대해서는 아직 확실한 방안을 찾지 못하고 있었다.

그랬던 그가 '언젠가는 반드시 대기업 사장이 되어, 빌딩 맨 위층에 사장실을 만들어 그곳에 앉을 것이다'라는 꿈을 이룬 데에는 그 꿈을 진정으로 믿었다는 것이 주효했다. 그의 자동 목적 달성 장치는 강렬한 메시지가 입력된 순간부터 해답을 찾기 위해 활발히 가동하기 시작했다. 설사 본인이 깜빡 잇고 있을 때에도 자동 목적 달성 장치는 최종 목표 지점에 도달하기 위해 모든 수단을 강구했을 것이다.

그런데 L씨는 예나 지금이나 그 어떤 상황에서도 부정적인 말을 절대로 사용하지 않는다. 항상 긍정으로 시작한다. "날씨가 안 좋다."라고 말하는 대신 "비가 내리는군. 우산을 갖고 갈까?"라고 말하고, "감기에 걸려서 몸이 좋지 않다."가 아니라 "이제 슬슬 쉴 때가 되었다고 몸이 알려 주고 있다."라고 말한다.

그리고 하루도 거르지 않고 성공 키워드의 언어 습관을 큰 소리로 세 번씩 외치면서 계속 실천해 나갔다.

- 오늘도 멋진 하루가 될 거야.
- 나는 정말로 행복해.
- 아버지·어머니, 고맙습니다.
- 나의 밝은 미래가 점점 눈앞에 펼쳐지고 있다.

그러자 어김없이 해결 방법이 나타났다. L씨는 그의 됨됨이와 사업에 공감을 가지고 지원하겠다고 나서는 사람들을 계속해서 만나게 되었고, 대히트로 이어지는 우수 상품을 개발할 기회도 끊임없이 이어졌다. 필요할 때에 맞춰 인재와 호기가 나타나 매우 순조롭게 수익을 높일 수 있었던 것이다. 자본금 2천 만으로 출발한 회사는, 드디어 연매출 3억 원에서 10억 원으로 그리고 드디어 30억 원에 이르는 회사로 발전하기에 이르렀다.

하지만 여기서 끝이 아니었다. 사리사욕을 채우지 않고, 정직하게 성실하게 관용을 베풀고 남을 배려하며 정의를 실천하는 사람에게는 큰 꿈을 이룰 수 있는 힘이 작용하는 법이다. 주위에서 모두 협력하고 싶게 만드는 엄청난 매력이 L씨에게도 있었던 것이다.

그의 회사는 드디어 연매출 100억 원을 돌파하여, 전국에 10개의 법인을 만들 정도로 크게 성장했다. 그 기세를 몰아, 지금도 연간 매출이 꾸준히 늘어나고 있다. 창업 후 약 23년 동안 뇌의 자동 조종 장치가 이끄는 대로 그가 꿈꿔 왔던 인생의 커다란 목표를 달성하게 된 것이다.

기업의 규모가 커지면 운영 역시 치밀하게 이루어져야 하는 법이다. 그는 곧 주변의 뛰어난 경영 마인드와 실력을 가진 사람들을 만났고, 그 사람에게 기업 경영을 맡기게 되었다. 회사의 회계는 회계를 전문으로 잘하는 사람에게 맡기고 필요한 때에 적절한 인재를 쓰기 위해 아낌없이 지원해 준 것이다.

L씨처럼 스스로의 상상과 긍정의 언어 습관의 위력을 통해 행복으로 가는 티켓을 손에 넣는 것은 그것을 실천하는 사람들에게만 일어날 수 있는 일이다. 그 꿈의 크기가 어떻든지 간에, 당신에게 원래부터 내재되어 있는 자동 목적 달성 장치가 좋은 결과를 얻을 수 있는 방향으로 이끌어 주기 때문이나. 희망을 실현시키는 데 유용한 정보를 모으거나, 최고의 적임자를 만날 수 있도록 현실을 움직여 주는 것이 매우 중요하다.

이 정교한 장치의 위력을 최대한 발휘시키기 위한 비결이 있다. 일단 자동 조종 장치의 스위치를 컨 후에, 무슨 일이 있어도 긍정적인 마음가짐을 절대로 잃지 않아야 한다는 점이다. 여기저기 둘러보며, 자신의 선택이 옳았는지 아닌지를 걱정할 필요가 전혀 없다. 하물며 후회하거나 갈등하는 말은 절대 금물임을 명심하기 바란다.

하지만 인생은 선택의 연속이기에 목표를 향해 나아가는 동안에도 여러 번 궤도 수정이 필요할지도 모른다. 예를 들면 자동차의 속도, 방향, 거리 유지 등에 해당하는 것들을 여러 차례 체크해야 하는 것처럼 말이다. 그런 때야말로 자동 목적 달성 장치의 뛰어난 위력을 믿어야 한다. 자동 조종 장치의 기능 자체가 예측 불허한 사태를 대비하여 만들어진 것이기 때문이다.

우리에게는 무엇을 선택할까보다는 어떤 마음가짐으로 선택해야 하는지가 중요하다. 자동 목적 달성 장치는 긍정적이고 낙천적인 마음으로 선택된 사항에 대해서는 아주 유연한 대응책을 찾아 준다. 우리는 그 지령에 따라 약간의 궤도 수정만 하면 된다. 그러고 나면 또다시 쾌적한 자동 조종 장치의 비행이 이어지고, 최종 목적지로 데려다줄 때까지 안심하고 몸과 마음을 맡기면 된다. 그리고 성공의 지름길은 오로지 꿈이 이루어지리라는 것을 끝까지 믿는 데 있다.

> 자신을 믿어라. 자신의 능력을 신뢰하라. 겸손하지만 합리적인 자신감 없이는 성공할 수도, 행복할 수도 없다. - 노먼 빈센트 필

💬 **말, 말, 말**

- 뇌의 자율신경계는 우리가 한 모든 말들을 진실로 받아들인다. 그 말이 과거나 미래에 관한 것일지라도 현재형으로 반응을 일으킨다.
- 부정적인 말로 불안이나 걱정거리를 말하지 말자. 체내에 스트레스가 쌓이고, 자신이 내뱉는 말 그대로 좋지 않은 현실을 초래하기 때문이다.
- 항상 긍정적인 말을 선택하여 사용하도록 하자. 긍정적인 말과 의식은 자율신경계를 활성화시키며, 몸과 마음을 쾌적한 상태로 유지시킨다.

02
아이를 행복하게
만드는 부모

부모는 '아이의 꿈과 상상력을 존중해 주어야 한다.'는 원칙을 준수하기 위해서는 먼저 아이의 꿈을 만나야 한다. 아이는 지금 어떤 꿈을 꾸고 있나? 아무리 바쁘고 삶이 힘들더라도 아이의 꿈을 물어봐 주어야 한다. 아이에겐 꿈꿀 공간이 있어야 한다.

삶이 만족스럽지 않다고 느껴질 때, 아이에게 잘해 주지 못할 때 그 이유를 찾아보면 자신이 원하는 것을 이루지 못했다는 데 있다. 하지만, 자신이 원하는 것을 이루는 것 못지않게 어려운 것은 바로 내 아이가 정말로 원하는 것이 무엇인지를 아는 것이다.

아이가 어떤 일이 이루지 못했을 때, 그 이유는 물론 그 일이 이루기 어려운 것이기 때문일 수 있지만, 한편으로는 그 일이 아이가 아니라 부모인 내가 원하는 것이기 때문일 수도 있다. 이루지 못한 나의 꿈을 아이에게 강요하지 말라. '내 아이가 정말로 원하는 것이 무엇인가?'라는 질문을 가지고 아이를 이해하려고 할 때 답을 찾을 수 있다.

다음과 같은 질문을 스스로에게 던져 보자.

- 나의 어릴 적 꿈은 무엇이었지?
- 나는 부모로서 내 아이에게 어떤 삶의 목표를 심어 줄 수 있지?
- 내 부모의 삶의 목적은 무엇이었지? 그래서 나의 성장 과정에서 도움이 된 것은?
- 부모로서 상을 받는다면 무엇에 대해 받고 싶은가?
- 내가 다시 부모 이전의 삶으로 돌아간다면 어떤 사람이 되고 싶은가?

위의 질문에 대답해 보고 스스로에게 '내가 정말로 원하는 것이 무엇인가?' 그리고 '내 아이가 정말로 원하는 것이 무엇인가?'를 자주 물어보자.

아이들의 꿈을 말할 때 현재를 고려해 낮은 목표를 잡지 말고, 적당한 목표보다는 자신의 능력을 믿고 가능한 한 크고 높은 목표를 잡는 것이 좋다. 현재의 상황, 환경, 자기의 능력, 과거의 실적 등으로부터 일체 벗어난 순수한 기분으로 '이것을 할 수 있으면 정말로 기쁘겠다.'고 생각되는 것을 목표로 삼기 바란다.

03 가슴이 뛰는 목표 세우기

인간은 무엇을 목표로 하든지 자기의 힘으로 달성할 수 없는 것은 처음부터 생각할 수 없도록 만들어져 있다. 머릿속으로 상상할 수 있는 것은 어떤 것이든 실현 가능한 것이다. 가능성이 있는 것은 열의와 행동만으로 충분히 실현시킬 수 있다. 잡념이나 망상에 빠지지 않고, 감정에 빠지지도 않는 가장 확실한 방법은 크고 명확한 비전을 갖는 것이다.

항상 '나의 가능성은 무한하다'는 생각으로 자신의 에너지를 모두 태울 수 있을 만큼 원대한 목표를 세우기 바란다. '부모는 아이의 스승'이라는 것을 고려하는 것도 목표를 세우는 데 중요하다. 그래서 목표를 갖는 것은 삶을 알차게 사는 비결이기도 하다.

- 목표는 모든 의식을 집중할 만큼 필요한 것이다.

- 목표는 아이를 위해서도 유익한 것이다.
- 목표를 세우는 일은 나의 성장에 도움이 된다.
- 목표를 세우는 일은 아이의 가슴을 설레게 하고 신나게 만든다.
- 목표는 시간과 노력을 투자할 만큼 값어치가 있다.
- 목표는 도전이 될 만큼 크고 높다.
- 목표는 구체적이어야 한다.

시간이 걸리더라도 가슴이 뛰는 목표를 찾는 것은 매우 중요하다.

Part 6

부모인 나는
어떤 말을 쓰고 있는가?

살아가면서 일상의 언어는 매우 큰 의미를 가진다.
언어 습관을 바꾸면 미래도 바뀐다.
지금까지의 껍데기를 벗고 좋은 말을 습관화하여
더 좋은 미래를 이끌어 가길 바란다.

01
내가 쓰는 무의식적인 말은?

　이제부터는 언어 습관, 즉 말버릇의 위력을 일상생활에서 어떻게 활용하는가에 대해 구체적인 설명을 하기로 한다.
　우선 자식을 키우는 입장에서 평소에 어떤 말을 사용하며 생활하고 있는지, 그 말들을 체크해 보는 것이다. 평소에 부모가 주로 하는 말을 가능하면 많이, 그리고 생각나는 대로 다 적어 보자.
　아침에 눈을 떠서 가장 먼저 하는 말은 무엇인가? 가족들에게 "안녕히 주무셨어요?"라고 인사하는 습관이 있는가? 세수를 할 때나 화장을 할 때 거울에 비친 자신의 얼굴을 보며 건네는 말이 있는가? 아침 식탁에서는 어떤 대화를 주고받고 있는가? "다녀올게요.", "잘 다녀오세요."라는 인사는 하고 있는가?
　직장에서는 어떠한가? 상사나 부하 직원, 그리고 거래처 사람들, 그 상대에 따라서 언어를 가려 쓸 필요가 있을 것이다.

그런데 거기에 공통적으로 쓰는 당신만의 언어가 있는가? 일이 순조롭게 잘 풀렸을 때, 생각대로 잘 진행되지 않았을 때, 일을 마치고 안도의 한숨을 내쉴 때, 내일도 열심히 살아야겠다는 마음을 표현할 때 과연 당신은 어떤 말을 사용하고 있는가?

그 밖에도 친구와 지인과의 대화에서 자주 사용하는 말, 사랑하는 연인과 데이트할 때 쓰는 말, 오랜만에 만난 사람이나 당신보다 젊은 사람들에게 사용하는 말, 싸울 때 튀어나오는 말, 전화할 때, 기분이 좋을 때나 나쁠 때, 울컥하고 화가 났을 때 사용하는 말에 대해서도 시간을 들여서 곰곰이 생각해 보자.

욕조에 몸을 담그고 있을 때나 편안하게 잠자리에 들기 전에 하루에 몇 번이나 '감사하다'는 말을 하는지에 대해서도 체크해 보자. 이런 식으로 자신의 '언어 습관 리스트'를 차츰 완성해 보자.

그리고 스스로 자신을 어떤 사람이라고 생각하는지 자아 이미지에 대해서도 써 보기 바란다. 현재의 나외, 다른 사람이 보는 나, 이상적인 나의 모습, 장래의 목표, 갖고 싶은 것, 해 보고 싶은 것 등을 열거해 나가는 것은 매우 즐거운 작업이다.

자, 이렇게 당신의 '언어 습관 리스트'와 '자아 이미지 리스트'가 완성되면, 이번에는 그것을 점검해 보기로 하자. 리스트에 긍정적인 말은 몇 개인지, 부정적인 말은 어느 정도나 되는지 긍정어와 부정어의 비율을 조사해 보는 것이다.

예를 들어 '안녕하세요?'나 '잘 잤다.', '다녀올게요.' 등과 같이 밝은 느낌을 가진 말은 긍정 언어다. 반대로 '아직 피로가 덜 풀렸다.', '만사가 귀찮고 싫다.', '또 회사에 가야 되나, 정말 가기 싫다.'와 같은 기분이 가라앉는 말은 부정 언어다.

'저에게 맡겨만 주세요.', '예, 기꺼이 그렇게 하지요.', '감사합니다.'와 같은 적극적인 표현은 긍정 언어이며, '못 하겠습니다', '하는 수 없네요.', '죄송합니다.'와 같이 소극적인 표현은 부정 언어이다.

또 '할 수 있다', '예쁘다', '아주 맛있다'라고 긍정하는 말은 긍정 언어이며, '못 한다', '예쁘지 않다', '별로 맛이 없다'라고 부정하는 말은 부정 언어라는 언어의 원칙을 기억해 두면 이해하기 쉬울 것이다.

긍정어와 부정어의 비율에서 긍정어가 많으면 많을수록 바람직하다. 특히 자기 자신을 표현하는 모든 말들이 긍정어로 구성되었다면 언어 사용에 무척 능숙한 사람이다. '이런 내가 되고 싶다' 혹은 '이런 인생을 살고 싶다'라는 이미지가 뚜렷하게 있는 것이다. 그에 걸맞은 좋은 언어를 사용하다 보면 정말로 그와 똑같은 현실이 나타나게 된다.

그러나 다른 사람들과 대화를 나눌 때 부정어를 전혀 사용하지 않는다는 것은 실제로 어렵다. 그럴 때는 긍정 언어와 부정 언어를 7대 3의 비율로 사용하면 듣기 거북하지 않을 정도로 대화를 마무리 지을 수 있다. 자신이 사용한 부정적인 말이 오히려 자신에게 해를 끼치는 경우도 적지 않기 때문에 가능한 한 부정 언어를 긍정 언어로 바꾸는 노력이 필요하다.

'날씨가 나쁘다.'를 '날씨가 흐리다.'로, '남의 말을 전혀 들어 주지 않는다.'를 '내 말에도 좀 귀 기울여 주길 바란다.'와 같이 바꾸어 말하도록 하자. '돈이 없어서 못 산다.'라고 하기보다는 '지금은 가진 게 부족하니까, 다음에 사야겠다.'라고 바꿔 말하면 전혀 부정하는 것이 아니다.

이렇듯 같은 말이라도 표현법만 바꾼다면 부정적인 표현에서 긍정적으로 표현된다. '도저히 무리다.'라고 처음부터 부정하는 것이 아니라 '어려울지도 모르지만 아무튼 해 보자.'라고 일단 긍정으로 시작하면 해결의 실마리가 보이게 된다.

'안 되겠어, 이게 전혀 아니잖아.'라고 야단치지 말고 '이 부분이 좀 부족하군, 더 잘할 수 있으니까 열심히 해 봐.'라고 격려해 준다면 말하는 쪽이나 듣는 쪽 모두가 기분 좋게 일에 매진할 수 있다.

데이트 약속을 할 때도 '오늘은 스케줄이 꽉 차서 못 만날 것 같아.'라고 거절하는 것보다는 '내일은 여유 있게 시간을 잡을 수 있으니까 약속을 내일로 해 줬으면 좋겠는데….'라고 요청하는 편이 두 사람의 교제를 원만하게 이끌어 준다.

아주 작은 언어 표현이 자아내는 차이는 실로 엄청나다. 살아가면서 일상의 언어는 매우 큰 의미를 가지고 있다. 언어 습관을 바꾸면 미래도 바뀐다. 지금까지의 껍데기를 벗고 부디 좋은 말, 좋은 언어 사용을 습관화하여 더 좋은 미래를 이끌어 가길 바란다.

입과 혀는 화와 근심의 문이요, 몸을 죽이는 도끼와 같다.
— 『명심보감』

💬 말, 말, 말

- 꿈과 희망을 실현시키기 위해 뇌에 있는 자동 목적 달성 장치에 정보를 입력하자. 그러기 위한 최상의 방법은 꿈과 희망을 생생하게 시각화하여 마음속에 깊이 그려 보는 '상상 체험'이다.
- 머리로만 상상하는 것이 아니라 구체적인 말로 나타낸다면 메시지의 내용을 뇌가 쉽게 받아들일 수 있으며, 자동 목적 달성 장치를 최고의 상태로 유지할 수 있다.
- 자동 조종 장치의 스위치에 불이 켜지면 후회나 고민을 절대 입으로 말해서는 안 된다.

02
부정의 스위치를
긍정으로 바꿔라

즐거운 일, 기쁜 일, 이렇게 되고 싶다고 바라는 것 등을 마음속에 깊이 새기면 그것들이 뇌신경계 시스템에 기억으로 저장된다. 그 생각의 이미지를 말로 표현하면 보다 강력한 '행복 프로그램'을 만들 수 있다. 마찬가지로, 지난날의 실패나 고생담, 그리고 불만 등을 말하는 빈도가 높으면 높을수록 '실패 프로그램'이 뇌에 뚜렷하게 입력되어, 똑같은 실패를 반복하게 되면서 계속 악순환이 벌어진다.

부모가 사용하는 언어가 바로 내 아이의 운명에 영향을 준다는 것을 기억하라. 사람들은 살면서 실패도 맛보았고 고생도 많이 겪게 된다. 하지만 그런 것들을 입에 계속 올릴 때마다 실패하기 쉬운 체질이 되어 버리고 만다.

과거의 실패나 고생을 자꾸 말하면 자신을 실패자이며 고생하는 사람으로 인정하는 것과 다름없다. 이는 자신이 이야기하는 실패담과 고생담이 또 다른 실패와 고생의 씨앗을 만든다는 사실을 깨닫지 못하기 때문이다. 그래서 가능하면 좋은 일과 좋은 결과만을 열심히 말하려고 노력해야 하며, 그렇게 되면 주위 사람들은 '운이 좋고, 재수가 좋은' 사람이라는 생각을 갖게 된다.

누구나 명심해야 할 점이 하나 있는데, 사람들은 누구나 말을 나쁜 쪽으로 사용하는 경향이 있다는 점이다. 회사원들이 술집에서 나누는 담소를 듣고 있으면 대개 그 자리에 없는 상사나 동료를 헐뜯으면서 분위기가 무르익는 경우가 많다. 여자들끼리의 은밀한 대화도 나쁜 소문일수록 분위기가 뜨겁게 달아오르는 법이다.

욕이나 험담은 일방적인 결석 재판이기 때문에, 말도 술술 잘 나오고 자칫 분위기를 타게 마련이다. 하지만 신이 나서 이것저것 말하는 사이에, 서서히 마음이 무거워지고 누구든지 입방아에 오른 당사자와 같은 기분이 들면서 차츰 우울한 기분에 빠지게 된다. 이런 사람들의 인생은 자신이 사용하는 나쁜 말과 똑같은 방향으로 흘러간다.

직장이나 상사 복이 없다고 말하는 사람은 항상 복이 없는 사람이다. 또한 다른 사람의 불행을 자꾸 입에 올리는 사람 역시 행복할 수 없다. 뇌의 신경계는 이미 당신이 부정적으로 말한 대로 정렬되었기 때문이다. 욕이나 비난 등의 부정적인 말을 해야 할 상황이라면, 그에 앞서 어떻게 긍정적인 말로 표현할지를 생각해 보자.

- 부장님은 신중한 성격이라서 어떤 일을 결정하는 데 차분하게 생각하며 시간을 들이는 편이야. 그만큼 책임이 무겁다는 것을 통감하고 있는 것이겠지. 믿을 만한 사람이 아닌가.
- 모처럼 회의에 참석했으니까 우리도 좀 더 적극적으로 의견을 주장해 보자. 나중에 불평하는 것보다는 훨씬 건설적인 데다가 윗분들도 알아줄 거야.

이렇듯 좋은 면을 발견하고 생각하는 사람은 인생을 밝은 쪽으로 전환해 나갈 수 있는 가능성이 충분하다.

- 저번에 오랜만에 오 선생님을 만나서 시사를 했는데 정말 예뻐지셨더라. 누가 50세로 보겠어? 회춘하는 것 같아서 정말 부러워.

이러한 칭찬은 험담과는 반대로, 말하는 사이에 점점 기분을 좋게 만들어 준다. 내가 아닌 다른 사람을 칭찬하는 것인데도 신기하게 내 기분이 좋아지고, 그 말처럼 내가 바뀌어 간다.
앞으로 크게 될 사람, 그리고 뭐든지 할 수 있는 사람이란 바로 동일한 상황에서도 그 누구보다도 다른 사람의 훌륭한 점에 놀라고 좋은 점을 발견하는 능력이 뛰어난 사람을 말한다. 남의 행복을 질투 어린 시선으로 보지 말로 좋은 화제로 삼아서, 자신도 그렇게 되고 싶다고 진정으로 바란다면 '행복 프로그램'을 확실하게 뇌에 입력할 수 있다.

　　질병은 입을 쫓아 들어가고 화근은 입을 쫓아 나온다. － 『태평어람』

03
가정 경제를 늘리는 생각의 전환

만약 가정 경제 상황을 바꾸고 싶다면 먼저 생각을 바꿔야 한다. 재산은 뇌에서 구축된다. 당신이 이룬 경제 수준은 지금까지 당신이 생각한 것의 결과다. 그보다 더 수준을 높이고 싶다면 더욱더 큰 희망을 품고 그 희망을 말로 표현해야 한다.

금전에 대해 피해야 할 말들이 아주 많다.

- 돈복이 없다.
- 돈과는 인연이 없다.
- 벌어도 금세 돈이 없어진다.
- 가난한 게 죄다.

이와 같이 부정적인 표현을 입버릇처럼 말하다 보면, 그 말과 똑같은 상황이 벌어진다. '돈이 없나 보다'라고 자율신경계가 해석하여, 그것을 현실로 옮기기 때문이다.

- 돈이 인생의 전부가 아니다.
- 나는 부자가 될 생각은 없다.
- 돈이 없어도 행복한 가정을 만들 것이다.

이 같은 소극적인 의사결정도 뇌세포의 활동을 방해한다. 부자가 아니어도 좋다고 생각해야 할 절대적인 당위성은 없다. 아무리 그래도 인생에서 돈은 없어서는 안 될 중요한 요소이기 때문이다.

- 수입을 늘려서 더 즐겁게 살자.
- 금전적으로 여유 있는 삶은 좋은 것이다.

이렇게 말한다면, 뇌세포가 그 해결책을 찾아서 활동을 시작한다. 만 원짜리 지폐를 놓고 "세종대왕님, 오늘 하루도 저와 함께 있어 주세요."라고 꾸벅 인사해 보라. 이때 스스로 말을 관리함으로써 자신의 의식을 통제할 수 있게 된다는 것을 잊지 말자. 돈에 대한 친밀감을 담아서 좋은 말을 많이 사용하면 기분도 좋아지고 정(精)도 생겨난다.

기분이 고조되면 뇌의 자동 목적 달성 장치 스위치에 불이 켜져서 어마어마한 위력을 발휘하기 시작한다. 나중에는 무의식적으로 자연스럽게 말이 튀어나오고 감정을 담아서 술술 말할 수 있을 정도로 습관화되면 소망을 이룰 수 있는 힘과 속도가 놀라우리만큼 향상된다.

실제로 지갑을 두둑하게 채우면 경제 규모도 커진다. 지갑 속의 현금을 큰맘 먹고 한번 늘려 보자. 평소 지갑에 만 원만 가지고 다니는 사람은 3만 원으로 늘리고, 또 3만 원이라면 5만 원으로 늘려서 더 많이 넣고 다니는 것이나. 그렇게 하면 그 규모에 알맞은 변화가 찾아온다. 즉, 지갑에 걸맞게 수입도 늘어나게 된다.

그다음 단계로, 갖고 싶으면 것을 거의 대부분 살 수 있다는 자신감이 생겨나고, 그런 까닭에 정말로 마음에 드는 것을 찾을 때까지 물건을 사지 않는 여유마저 생긴다. 때로는 돈을 좀 더 들여 약간의 사치를 부려 보는 것도 중요하다는 것을 인식하게 된다.

예를 들어, 일 때문에 사람을 만나 설득하고, 비즈니스를 보다 효율적으로 이끌어 가기 위해 우수한 인재를 발탁해야 할 일이 있어 식사를 할 기회가 생긴다면 고급 식당으로 그들을 데려가야 한다. 그만큼의 성의를 가지고 대해야 할 때에는 돈도 호사스럽게 쓸 필요가 있다.

단, 지갑을 잃어버리지 않는 것과 낭비하지 않는 것이 중요하다. 이 두 가지만 주의하면 된다. 이것만 주의한다면 지금과 같은 저금리 시대에, 어렵게 모은 재산을 은행에 넣어 두는 것보다 더 돈을 쓸모 있게 활용하는 셈이 된다.

신문으로 지폐 다발을 천만 원이나 만들어 가지고 다닌 여성도 있다. 그렇게 하면 반드시 억만장자가 될 수 있다고 믿고, 스스로를 '고급 핸드백 속에 천만 원을 몰래 가지고 다니는 여자'라고 생각하며 항상 부자라는 기분을 만끽했던 것이다. 그뿐만 아니라, '나는 항상 천만 원을 갖고 있는 여자'라는 사실을 자신에게 늘 상기시켰다.

그리고 그녀는 친한 사람들에게 "나 요즘 연애해."라고 하면서 "나 좀 예뻐지지 않았니?"라고 묻는 버릇이 있었다. 연애담은 아마 거짓말이었으리라 생각되지만, 그녀가 무엇을 말하려고 했는지는 잘 알 수 있을 것 같다.

"인생에서 중요한 것은 설렘이에요. 마음이 설레고 두근거리면 여자는 나이를 먹어도 예뻐질 수 있지요. 피부도 부드럽고 투명해지는 것도 모두 마음이 만들어 낸 거니까요. 그래서 나는 항상 사랑을 하고 싶어요. 비록 그 대상이 없다 해도 사랑하고 있다고 말하면 되는 거예요."

그렇다면 신문으로 만든 3천만 원을 늘 가지고 다녔던 그녀는 그 후로 어떻게 되었을까? 놀랍게도 불과 3년 만에 몰라보게 경제 상태가 호전되었다고 한다. 부업에서 전환하여 판매 분야로 뛰어들어 크게 성공을 거둬 은행 계좌에 3천만 원뿐만 아니라 그보다 더 어마어마한 거액을 예금했다.

하지만 그녀는 신문으로 만든 지폐 다발을 버리지 않았다. 6년이 지나고 11년이 지난 지금은 멋진 집과 별장, 그리고 고급 외제차를 소유하고 있으며, 오랜 세월을 곁에서 지켜봐 준 남편과 무척 행복하게 살아가고 있다. "오늘의 내가 있는 것은 이 신문지로 만든 3천만 원 덕분"이라며 그녀가 서슴없이 말하자, 그녀의 지인이 이렇게 덧붙였다.

"당신의 훌륭한 상상력과 언어 습관이 오늘의 당신을 만들었어요."

돈은 좋은 머슴이기도 하지만 나쁜 주인이기도 하다. - 베이컨

04
최선의 선택,
최상의 결과

　우리의 인생은 선택과는 떼려야 뗄 수 없는 관계다. 살아가는 순간순간이 선택의 연속이 아니던가. 당신 역시 지난날에 여러 가지 선택을 하며 살아왔으며, 앞으로도 수많은 부분들에 부딪혀 끊임없이 선택하며 살아갈 것이다.

　무엇을 선택할 것인가는 경우나 상황에 따라 다르다. 하지만 '나는 이것을 갖고 싶다.', '이거야말로 내가 바라던 것이다.'라고 계속해서 적극적인 선택을 한다면, 미래는 놀랄 만큼 밝게 펼쳐질 것이다.

　반대로 '이걸로도 충분해.', '좀 그렇긴 하지만 이걸로 하지, 뭐.'라고 소극적인 선택만 한다면 점점 모든 것이 수준 이하로 떨어져 버린다. 선택한 내용 때문이 아니라, 소극적이며 부정적인 말을 내뱉은 탓에 그 말과 똑같은 미래가 펼쳐지는 것이다.

'맥주로 하지, 뭐.'라고 말하기보다는 '그래, 맥주 마시고 싶어.'라고 말하는 것이 같은 맥주라도 훨씬 맛있게 느껴진다. '오늘은 기분이 좋으니까 그 사람한테 찾아가 보자.'라고 말하고 집을 나서면 말한 대로 기분 좋은 하루를 보낼 수 있다. '집에서 더 자고 싶은데….'라고 투덜거리면서 나간다면 뜻하지 않은 나쁜 일들만 생기게 된다.

항상 긍정적이고 낙관적인 마음가짐을 유지하기 위해 효과적인 말들이 있다. 아름다움, 신선함, 진절함, 친밀감, 위대함, 관대함을 느끼게 해 주는 여러 가지 말들인데, '지금 너무 행복하다.'라는 말 한마디 역시 매우 효과가 크다.

한편, '옛날이 좋았어.'라고 입버릇처럼 말하는 사람들도 많다. 지금보다 옛날이 좋았다니, 과연 그 말이 사실일까? 현재를 부정하고 과거에 집착하기란 그다지 어려운 일이 아니다. 하지만 현재와 미래를 어떻게 멋지게 바꿔 나가야 하는지에 대한 해답은 알지 못한다. 부정하는 현재가 과거가 되었을 때, 그때도 똑같이 '옛날이 좋았는데….'라고 그리워할 수 있을까?

아니다. 그리 되면 영원토록 행복해질 수 있는 해답을 찾을 수 없다. '옛날이 좋았는데….'라고 말하는 대신에 '지금이 아주 좋다.', '앞으로는 더 좋아진다.'라는 말을 선택하기 바란다. 마음의 상태를 결정짓는 것은 바로 '말'이다. 말이 갖고 있는 힘과 그 작용을 통해서 마음으로부터 '지금이, 그리고 미래가 더 좋아진다.'

라고 확신할 수 있게 되는 것이다.

의식적으로 긍정적인 말을 선택하고 사용하면 인생관은 물론, 세계관까지도 바뀌게 된다. 의식적으로라도 긍정적인 말을 사용해야 하며, 굳이 자신을 낮추고 비하하면서까지 겸손하게 말할 필요가 없다. 겸손함이 지나치면 일상 회화에 부정어가 많아지기 때문이다.

겸손함이나 존경의 표현은 상식의 범위에서 아주 깔끔하게 사용하는 것이 필요하다. "저 사람은 입은 험하지만, 속은 좋다."라는 말이 있다. 이것은 '입만큼 속은 나쁘지 않다', '신용할 수 있는 사람이다'라고 긍정적으로 말하고 있는 것 같으면서도 '입이 험하다'라는 부정어가 들어 있기 때문에, 모처럼의 긍정도 효과가 없어지고 만다. 이 사실을 명심하고, 처음부터 좋은 말만을 선택하여 사용하자.

진정한 의미의 긍정어는 자신이나 주변에서 일어나는 일들을 계속해서 좋은 방향으로 이끌어 주며, 그것을 선택하는 힘은 바로 우리가 살아가는 힘과도 같다. 그리고 '사고방식', '말', '자아 이미지' 이 모든 것이 선택의 결과다.

대부분의 사람들이 이런 것들을 '선택'이라고 생각하지 않기 때문에 원치 않는 나쁜 현실에 직면했을 때에도 좀처럼 좋은 방향으로 전환하지 못하는 것이다. 자, 지금부터라도 나약한 삶을 선택하는 대신, 자신감에 찬 삶을 선택하자. 쉴 새 없이 고민하는 삶보다는 여유 있는 삶을 선택하자. 곤혹스러운 삶보다는 계획적인 삶을 선택하자.

더 나아가 주변 사람들을 쓸모없게 만드는 삶이 아니라, 주위 사람들에게 좋은 영향을 주는 삶을 선택하자. 인간은 어떻게 살아야 하는지를 선택할 수 있는 유일한 존재다. 즉, 기본적으로 자유로운 존재라는 뜻이다. 또한 인간은 위대한 신경 시스템인 '자동 목적 달성 장치'를 사용할 수 있다. 이것을 올바르게 활용하면 세상에 불가능이란 없다. 누구나 바라는 삶을 얻을 수 있다.

'좋은 일은 오래간다.'는 생각을 선택하자. 좋은 일은 오래가지 않는다는 지난날의 잘못된 생각에 사로잡힐 필요가 전혀 없다. 딱 한 번뿐인 인생을 실패로 얼룩지게 할 것인가? 그럴 수는 없다. 우리 인간은 최상의 결과를 이루기 위해 이 세상에 태어났으며, 또 그러기 위해 앞으로의 삶을 살아가는 것이다.

Part 7

좋은 감정을
부르는 말

즐거운 말은 뇌의 시스템을 활성화시키는 최고의 요소다.
즐거운 말을 더 많이 찾아내 스스로에게 말해 보라.
그리고 다른 사람들에게도 전하라.
그러면 의욕과 쾌감이 점점 더 증가함을 느낄 것이다.

01
아이를 감동시키는 말 한마디

표현하는 것만으로도 순식간에 몸과 마음을 움직이게 하는 한 마디의 말들이 있다. 그것은 곧 '좋겠다', '굉장하군', '좋았어'라는 말이며, '의욕의 뇌'를 작용하는 말들이다.

- 나는 무척 사랑받고 있다.
- 나를 소중하게 생각한다.
- 주위 사람들 모두가 나를 사랑하고 존경하며 의지하고 있다.

이러한 생각을 말로 표현하면, 그것이 대뇌의 측좌핵이라는 곳을 전달되어 '의욕의 뇌'를 크게 자극한다. '의욕'이란, 대뇌의 방대한 시스템을 이용하여 앞으로 나아가고자 하는 기분을 의미한다. '의욕의 뇌'는 '욕구의 뇌', '표정·태도의 뇌', '기억·학습·언어의 뇌', '좋고 싫어하는 느낌의 뇌' 등, 모든 뇌의 조직과 밀접하게 연결되어 있다.

이 모든 것에 명령을 전달하는 중요한 역할을 하는 부분은 바로 '쾌감 신경'이라고도 일컬어지는 A10 신경에 의해 움직인다. 즉, 의욕과 쾌감은 서로 연결되어 있어 상승효과를 가져오며, 뇌 전체의 연계 기능을 통제하고 목적을 달성해 나아가려는 성향을 지니고 있다.

따라서 당신이 진정으로 즐거운 일, 재미난 일, 꼭 해 보고 싶고, 도전해 보고 싶다고 간절히 바라는 것만이 '의욕의 뇌'에 도달하게 된다. 즐거운 기분과 말이야말로 뇌의 시스템을 활성화시키는 최고의 요소다. 당신만의 즐거운 말을 계속 더 많이 찾아내 스스로에게 말해 보라. 그리고 다른 사람들에게도 전하라. 그러면 의욕과 쾌감이 점점 더 증가함을 확실하게 느낄 것이다.

예를 들어, 아름다운 물건을 봤을 때의 감동을 '반짝거린다', '화려하다', '섹시하다', '단정하다', '우아하다' 등 표현할 수 있는 말들이 무척 다양하다. 이와 같이 당신이 느낀 대로, 생각과 딱 일치하는 것을 찾아서 그것을 말로 표현해 보라.

그 밖에도 '웅대하다', '크다', '당당하다', '즐겁다', '쾌활하다', '대단하다', '웃기다', '유용하다', '대박이다', '훌륭하다', '스케일이 크다' 등과 같은 말도 있다. 이 말들은 말한 사람이나 듣는 사람 모두의 기분을 순식간에 들뜨게 한다. '상냥하다', '온화하다',

'편하다', '유하다', '온후하다', '선량하다', '세심하다', '정성스럽다', '편안하다', '극진하다', '따뜻하다', '공손하다', '자애롭다', '화목하다', '부드럽다', '친애하다' 등도 사용하면 아주 좋은 말들이다.

일상에서 사용하는 말을 의식적으로 바꾸는 것은 그다지 힘든 일이 아니다. 결심만 한다면 누구라도 언제 어디서나 실천에 옮길 수 있다. 다만, 얼마나 좋은 말을 선택할 수 있는가는 어휘력이 얼마나 풍부하냐에 달려 있다. 많은 단어를 아는 사람일수록 상상력도 풍부하고, 수준 높은 커뮤니케이션을 할 수 있기 때문이다.

미국의 하버드 대학교에서 실시한 조사에 따르면, 사업에 성공한 사람들의 대부분은, 비록 초등학교밖에 나오지 않았어도 하버드 대학교의 1년차 학생과 비슷한 수준의 어휘력을 보유하고 있다고 한다. 사업에 성공하려면 신문이나 전문 잡지를 완전히 이해할 수 있는 독해력, 정보의 분석력, 해석력과 판단력 등이 필요하다. 이러한 힘을 기르기 위해서 다양하게 노력하고 경험한 결과, 마침내 풍부한 어휘력을 갖추게 된 것이다.

풍부한 어휘력을 갖추려면 어떻게 해야 할까? 역시 뭐니 뭐니 해도 '독서'다. 어렸을 때와 학창 시절의 독서는 평생의 재산이 된다. 독서는 어휘력을 늘리고, 상상의 공간을 넓히며, 이 세상 모든 것에 대해 감동하는 법을 가르쳐 준다.

그럼에도 불구하고, 학교를 졸업함과 동시에 책을 손에서 놓는 사람들이 무척 많다. 이 얼마나 안타까운 일인가. 이제 무사히 졸업했으니, 더 이상 공부하지 않아도 된다는 해방감 때문에 책 읽기가 귀찮아지는 것이다.

하지만 사회인이 되면 스스로 공부하고 성장해야 한다. 이때부터 진정한 자신만의 학습이 필요하며, 수많은 양서를 읽는 것이 커다란 도움이 된다. 읽기 전에는 알지 못했던 단어와 내용을 통해 어휘와 지식을 늘려 나길 수 있으며, 언어의 사용법도 갈고닦을 수 있다. 인간은 말과 더불어 살아간다. 그리고 말을 쓰기 때문에 우리의 인생은 더욱 활기차고 풍요롭다.

"삶은 나를 사랑한다."라고 말한 프랑스의 유명 여배우 잔 모로처럼 당신도 자신만의 멋진 성공 키워드를 갖길 바란다. 이러한 말은 '의욕의 뇌'를 자극할 뿐 아니라, 잠재 능력을 불러일으키는 '긍정 유전자'의 스위치를 켜는 데 결정적인 역할을 한다. 시금 낭장, 자신을 움직일 수 있는 효과적인 문구를 하나 만들어 그것을 통해 뇌 깊숙한 곳을 활성화시키고 가치 있는 '긍정 유전자'에 불을 밝히길 바란다.

그렇다면 중대한 위기나 어려움에 직면했을 때, 사람들이 가장 먼저 생각하는 것은 무엇이고, 가장 먼저 입에 올리는 말은 무엇일까? 나는 이 사실에 주목하여 많은 사람들에게 물어본 적이 있었다.

- 어떻게든 될 거야.
- 괜찮아.

이 두 가지가 가장 많았던 말이었고, 그 말로 스스로를 북돋워 역경을 헤쳐 나갈 수 있었다는 대답이 압도적이었다. 한편, 도산이나 파산 등 비극적인 결말을 경험한 사람들에게 물어보았더니, 이런 대답이 가장 많았다.

- 이젠 도저히 무리다.
- 불가능하다.

부정적인 말을 내뱉으면, 가혹하게도 뇌는 그 뜻에 따라 순식간에 '불가능한 이유'를 산더미처럼 찾아낸다. '할 수 있는' 것도 아직 많은데, 전혀 아랑곳하지 않고 불가능한 데이터만 모으러 다닌다. 그 결과, '무리다', '불가능하다'라는 것이 확정적인 사실이 되고 만다.

이렇듯 가장 처음 내뱉는 한마디의 말이 우리의 뇌를 지배한다. 따라서 그 어떤 어려운 경우에 처하더라도 이 한마디 말을 가장 먼저 자연스럽게 말할 수 있어야 한다.

- 이만하길 다행이다.

첫마디가 긍정적이고 낙천적이면 우리의 뇌는 '괜찮은가 보다'라고 해석하여, '이만하길 다행인 이유'와 '앞으로 잘 헤쳐 나갈 방법들'을 찾기 시작한다. 행동보다 먼저 말을 바꿔야 하는 이유가 바로 여기에 있다. 그리고 '이만하길 다행이다.'라는 한마디의 말로 모든 스트레스를 날려 보낼 수 있다.

스트레스란 일종의 공포감이다. 항상 공포감을 안고 있으면 글루코코르티코이드라는 스트레스 호르몬이 다량으로 분비되고, 글루카곤을 활성화시켜서 몸에 심한 해를 끼친다. 이때 '이만하길 다행이다.'라고 말하면, 그 말을 계기로 당황하거나 불안한 마음을 억누를 수 있게 된다.

지금까지 온몸을 짓누르던 스트레스가 금세 사라지고, 활성화된 뇌가 '어떻게든 된다.', '괜찮다. 틀림없이 해결할 수 있다.'로 이어지는 말들을 계속해서 찾아내기 시작한다. 점점 자신감이 생기면, 어려움도 더 이상 어려움으로 느껴지지 않는다.

- 이것도 다 좋은 경험이 될 것이다.
- 내가 해결하지 못할 일은 나에게 일어나지 않는다.
- 문제의 해결책은 생각지도 못한 곳에 있을 것이다.

이처럼 낙관적으로 생각하게 된다. 그러므로 어떤 일이 닥치면 '이만하길 천만다행이다.'라고 마음을 가다듬고 자신에게 확신하듯 타일러라. 위기의 순간에 이렇게 하는 것이 최선의 방법이다. 더불어 내 속의 불안을 없애려면, 불안해하는 상대방을 달래고 설득하는 것이 가장 효과적이다. '언어 습관의 원리'를 응용하면 누구나 그렇게 된다.

힘든 일에 부딪혔을 때 가장 현명하고 간단한 답은 웃음이다.

― 허먼 멜빌

02
칭찬은
아이도 춤추게 한다

'언어 습관의 원리'란, 자신이 사용하는 말을 통해 자신의 인생을 만들어 가는 것이다. 따라서 활력 넘치는 다른 사람의 말로써 내가 그 활력을 나눠 받는 것이 아니라, 자신의 말로써 활력을 만들어 내고 그 활력을 다른 사람에게 전해 주는 것이다.

이 세상에는 '언어 습관의 원리'를 응용한 예들이 아주 많다. 스포츠 경기에 빠지지 않는 '응원단'을 예로 들어 보자. 응원단은 힘차고 리듬 있는 목소리로 '아자, 아자, 파이팅!'을 외치면서, 땀으로 범벅이 된 선수들에게 성원을 보내고 승리에 대한 욕구를 한층 북돋워 준다. 경기장의 분위기도 한결 무르익고, 강한 연대감이 형성된다.

프로야구와 축구 등의 경기에서도 열광적인 팬과 서포터즈가 열렬하게 응원 시합을 펼친다. 혼신의 힘을 다해 힘차게 선수들에게 함성을 보내고, 또 그렇게 함으로써 자신들의 감정도 점점 고조되어 더욱더 신나게 시합을 즐기게 되는 것이다.

누군가를 응원하는 사람들의 표정은 무척이나 밝다. 그들은 기분이 밝고 좋아지는 방법을 알고 있다.

- 좋아, 잘했어.
- 바로 그거야!

이와 같은 격려의 말, 활력을 북돋워 주는 말, 의욕을 불러일으키는 말의 사용법을 이미 알고 있는 것이다. 그런 사람은 어디를 가든 한 수 위로 평가받는 존재가 된다. 그래서일까? 명문 K대학교의 응원단원들은 일찌감치 취직자리가 정해져 있다. 그들은 그만큼 기업에서도 인기가 있으며, 또한 신뢰를 얻고 있다는 증거다.

그리고 운동선수들이 실천하고 있는 이미지 훈련을 통해서도 우리는 많은 것을 배울 수 있다. 장대높이뛰기 선수는, 커다란 포물선을 그리며 휘어지는 봉의 반동을 이용하여 공중으로 높이 날아오르는 자신의 모습과 가볍게 바를 넘고 있는 모습을 머릿속에 또렷이 새겨 넣는다. 그리고 '나는 할 수 있다'고 굳게 믿으며, 상상한 이미지와 실제 자신의 움직임이 완전히 일치하는 것을 목표로 한다.

또 한 가지 예를 들어 보자. 앞에서 '칭찬의 덕'에 대해 말한 것처럼, 거울을 보며 당신 자신에게 예쁘다고 칭찬하고, 또 주위 사람들을 칭찬하면 당신은 점점 예뻐질 수 있다.

- 당신은 언제 봐도 예쁘군요.
- 오늘은 한층 더 빛이 나요.
- 젊어 보이고 센스가 무척 뛰어나네요.
- 생기가 넘쳐 보이네요.
- 자연스럽고 건강한 매력이 느껴져요.
- 그 옷, 너무 우아하네요. 당신한테 정말 잘 어울려요.

이런 말은 남녀 구분 없이 모두가 자주 사용해야 한다. 만날 때마다 사람들을 칭찬해서 늘 좋은 기분을 유지하도록 하자. 아이들에게도 다음과 같은 칭찬의 말을 해 주자.

- 표정이 아주 당당해 보이는구나.
- 친구 관계가 좋을 것 같아.
- 창의적이야.
- 씩씩해 보여.
- 웃는 얼굴이 순수해 보여.
- 틀림없이 멋진 리더가 될 거야.
- 친구들에게 인기도 많고 리더십도 있어 보여.

- 자상하고 포용력이 있네.

아이들은 칭찬받는 것만으로도 기분이 들뜨고 좋아져서 정말 칭찬받은 그대로 행동하게 된다. 정말 기쁘지 않은가? 상대방의 칭찬보다 더 많이 칭찬해 주도록 하자. 이 방법을 제대로 활용하면 상승효과의 비율을 반반은커녕 60퍼센트, 70퍼센트, 80퍼센트로 높일 수 있다.

격려는 영혼에 주는 산소와 같다. 격려받지 못하는 사람들에겐 훌륭한 일을 해내리라고 기대할 수 없다. - 조지 매튜애덤스

03
행복 언어를 만드는 열쇠, 비전 선언문

 행복을 주는 열쇠는 우리 스스로에게 좋은 정보를 입력하는 것이다. 내 아이들의 자신감을 키워 주기 위한 방법으로 '비전 선언문'을 작성하게 하고 자주 낭송하게 한다.
 비전 선언문은 우리 안의 부정적인 자신 없는 정보들을 없애는 데 효과적이다. 자기 스스로에게 선언을 함으로써 본질적으로 완전한 존재라는 것, 그리고 그 자신감을 펼칠 권리가 있다는 것을 기억하게 해 준다. 또한 긍정적인 비전 선언은 온갖 자기 비하의 말들이 주는 나쁜 영향으로부터 자신을 지켜 준다.
 동시에 비전 선언은 내가 누구인지, 내가 무엇을 어떻게 할 수 있는지에 대해 자기 자신에게 미리 하는 약속이다. 이 말을 반복적으로 되새기는 사이에 내 아이의 꿈이 잠재의식 속으로 파고 들어가 놀라운 힘을 발휘하게 된다. 결국 아이는 자신에 대한 믿음을 실현하는 것이다.

아이들이 하는 비전 선언은 여러 가지 형태로 진행할 수 있다. 일기처럼 자기에 대한 다짐을 써 놓고 감정을 살려 자신의 뇌에 생생하게 들려줄 수도 있고, 친구나 가족들 앞에서 선언할 수도 있다. 계획이나 꿈은 마음속에 담아 두기보다 선언을 함으로써 보다 명확하게 자신의 태도를 결정할 수 있다. 사람은 누구나 자기가 한 말에 대해 스스로 행동을 통제받는 경향이 있기 때문에 비전 선언의 효과는 기대 이상의 결과를 가져오기도 한다.

- 나는 무엇이든 할 수 있다.
- 나는 정말 멋진 사람이다.

항상 이러한 긍정적인 말을 습관처럼 몸에 배도록 훈련하길 바란다.

아이들에게 비전 선언문을 아주 특별한 방식으로 진행하고 있는 지인이 있다. 방학 때마다 학교에서 비전 세우기 워크숍이 있는데, 자신감이 없고 자기를 사랑하지 않는 아이에게 "나는 정말 내가 좋습니다."를 아주 큰 소리로 외치고 내려오게 한다.

이때 어떤 아이들은 울음을 터뜨리기도 하는데, 이 교육 기간이 끝나고 나면 다들 몰라보게 달라진다고 한다. 수업 태도가 좋아지고 학업 성적이 오르는 것은 물론 친구가 어떤 잘못을 해도

"그럴 수도 있지!" 하고 넘어갈 만큼 서로에 대한 이해심과 신뢰가 깊어진다는 것이다. 이것은 비전 선언문을 공언하면서 생긴 효과이다.

뇌는 단순명료하고, 긍정적인 말을 좋아한다고 한다. 아이에게 구체적인 꿈이 있다면 다음의 세 가지 규칙을 고려해 문장을 작성하게 하자.

규칙 1 긍정적으로 말한다.
　　　(예: 올해 전교 회장 선거에서 붙는다.)
규칙 2 단정적으로 말한다.
　　　(예: 올해 전교 어린이 회장 선거에서 내가 된다면.)
규칙 3 '나'라는 주어를 넣는다.
　　　(예: 나는 올해 전교 어린이 회장 선거에서 반드시 당선된다.)

어린 나무에 비료를 주지 않아도 말라 죽지 않는 것처럼 우리도 격려 없이 살 수는 있다. 그러나 혼자 방치된 나무처럼 열매를 맺지 못한다. - 플로렌스 리타우어

💬 **말, 말, 말**

- 5백만 년 동안의 진화를 거치면서 인류가 획득한 우수한 모든 능력은 유전자 정보로서 인간 유전자 속에 들어 있

으며, 우리 모두에게 이어져 내려오고 있다.
- 그러한 '우승팀 유전자'를 최대한 발휘시키자. 잠재적으로 숨어 있는 뛰어난 능력, 재능, 건강, 그리고 장수에 이르기까지 그 훌륭한 모든 자질들이 드러나게 된다.
- 긍정적이고 낙천적인 말의 위력으로 '우승팀 유전자'의 불을 밝힐 수 있다. 또한 꿈의 실현을 방해하는 '제한유전자'의 불을 끄게 할 수 있다.

저울의 한쪽 편에 세계를 실어 놓고 다른 쪽에 나의 어머니를 실어 놓는다면 세계의 편이 훨씬 가벼울 것이다. - 랑구랄

Part 8

부모의 행동을
아이가 보고 있다

우리 집에서는 '가정공화국'이라는 개념을 세워 놓고
가족 모두가 협력해 행복한 가정 만들기에 힘쓰고 있다.
적어도 하루에 한 번은 감사함을 말로 표현하고 있다.
감사와 위로의 말이 자연스럽게 입에서 흘러나온다.

01
아이 앞에서 싸우지 마라

괴롭거나 슬픈 이야기를 하고 있으면 자신의 일이 아니더라도 괴롭고 슬퍼진다. 반대로, 기쁨과 즐거움에 가득 찬 이야깃거리는 말하고 있는 것만으로도 기분이 들뜨고 점점 행복해진다. 이와 같은 반응에 대해 심리학자 맥스웰 몰츠는 이렇게 설명한다.

무언가에 대해 자신이 받아들이고 해석하는 것과 똑같은 감정이 만들어져서 뇌가 그 감정을 간파하고, 스스로 그것을 인생에서 표현해 나간다. 이것이 바로 그가 주장하는 '사이코사이버네틱스'라는 것인데, 직역하면 '심리 제어'라는 뜻이 된다. 당신이 어떤 말을 하느냐에 따라 희로애락의 감정이나 행동까지도 규정된다는 것이다.

이 원리는 부부 싸움에서도 여실히 드러난다. 왜 이렇게 화가 나는 것인지에 대해 냉정히 생각해 보면 그 이유는 상대방이 한 말이 아니라 바로 내가 한 말 때문이라는 것을 알게 될 것이다.

 말하지 않고 가만히 있으면 해결될 일인데도 말한 순간부터 참기 어려워 분한 마음에 울음이 그치지 않는 경우도 종종 있다. "슬퍼서 우는 것이 아니라, 우니까 슬픈 것이다." 물리학자로 출발하여 스트레스 학설을 세워서 세계적으로 유명해진 한스 세리에 박사의 말이다.

 그렇다면 울음을 멈추고 웃으려고 노력하면 과연 어떻게 될까? 어느 틈엔가 울고 싶은 마음이 완전히 사라지고 왜 그렇게 슬펐는지조차 모르게 된다. 그리고 기분이 맑아지고, 마음에 미소가 감돈다. 울음을 그치지 않는 아이에게, 주로 어른들이 "자, 웃어 봐. 웃으면 재밌어. 그래, 웃어."라고 말하는 것도 이러한 원리를 경험적으로 알고 있기 때문이다.

 그런데 왜 어른들은 그런 지혜를 스스로에게 발휘하지 못하는 걸까? 그것은 부부 싸움에서 화를 내면 스트레스를 해소할 수 있다고 생각하기 때문이다. 하지만 거기에는 커다란 함정이 숨어 있다. 부부 싸움으로는 스트레스를 결코 해소할 수 없으며, 오히려 스트레스가 더 쌓이기 때문이다.

 상대에게 윽박지르는 듯한 말을 내뱉으면 그 순간에는 속이 후련하겠지만, 이미 자율신경계가 그 말을 해독하여 본인에게 다시 돌아오게 만든다. 따라서 상대방을 매도하거나 상처 입히는 말을 하면 그렇게 말한 본인이 가장 큰 손해를 보게 되는 것이다.

- 정말 한심하다.
- 돈도 제대로 못 벌고 말이야.
- 집에서 매일 빈둥거리고 있어.
- 재미있는 구석이라곤 전혀 없어.
- 결혼하지 말걸 그랬어.

이러한 말들이 약간이라도 사실이라면 그 후의 현실은 더욱 악화된다. 그저 말로만 그렇다 해도 언젠가는 말한 것과 똑같은 상황이 일어나는 결과를 빚게 된다. 그리고 그렇게 욕한 본인마저도 말 그대로 '한심하고, 돈도 못 벌고, 집에서 빈둥거리고, 재미있는 구석이란 전혀 없는 사람'이 되어 가며, 급기야는 두 사람 모두 결혼하지 않는 것이 더 나았을지도 모르는 지경에까지 이를 수 있다. 또한 상대를 비난하면, 현실은 점점 더 결점투성이로 변해 간다.

- 귀가가 늦다.
- 가정을 돌보지 않는다.
- 무심하다.
- 남의 말을 들으려고 하지 않는다.
- 화를 잘 낸다.
- 바람둥이다.

이와 같은 말들을 해독한 자율신경계는, 말의 내용에 부합되는 정보를 모으기 시작한다. 실제로는 전혀 그렇지 않다 하더라도 자율신경계는 그에 아랑곳하지 않는다. 즉, 그 말로 인해 자율신경계는 이미 사실을 왜곡되게 해석하여 확고한 것으로 만들어 간다는 뜻이다.

그 결과, '무심하고, 남의 말을 들으려고 하지 않고 금방 화를 내는' 사람으로 완전히 바뀌어 버려 '가정을 돌보지 않고, 항상 집에 늦게 오고, 바람을 피우는' 비참한 상황이 벌어지고 마는 것이다. 상대방의 화를 자극하는 말 역시 자신의 화를 자극할 뿐이다. 점점 더 화가 나서 스트레스가 계속 쌓이게 된다.

- 어차피 큰일을 할 사람도 못된다.
- 늘 그런 식으로 피해 다니려고 한다.
- 정말 대책이 없는 사람이다.

이런 말들도 바로 본인 스스로에게 하고 있는 것이며, 마찬가지로 절대 좋은 결과를 얻을 수 없다. 쓸데없는 부부 싸움을 하지 않으려면 상대에게 기분 나쁜 말을 하지 말아야 한다.

- 회사 일은 분명히 잘될 거예요.
- 오늘은 일찍 와요. 저녁 맛있게 해 놓을 테니까요.

- 당신 참 재미있는 면이 있어요.
- 당신과 결혼해서 정말 다행이에요.
- 가족이 있어 열심히 일할 맛이 나는군요.
- 신경질적이지 않아서 좋아요.
- 그 정도면 충분히 이해가 돼요.
- 평상시에는 다정한 사람이 화를 내니까 더 무섭네. 앞으로 조심해야지.
- 절대 바람피울 리가 없어.
- 언젠가 반드시 크게 될 거예요.

늘 이렇게 말하면서 살다 보면 현실 역시 그 말과 똑같아진다. 사랑과 감사의 말로 마음의 평화를 쌓아 가면 그때까지 불만스러웠던 현실이 몰라보게 좋아진다.

💬 말, 말, 말

- 내가 생각하는 나의 모습이 현재의 나를 만들고 있다.
- 인생관, 이성관, 연애, 돈, 나이, 수명, 결혼관도 자아 이미지의 일부다. 그 모든 것이 마음속에 그린 대로 현실로 나타난다는 것을 명심하자.
- 되고 싶은 나, 이런 모습이었다면 좋겠다고 생각하는 자신

의 이미지를 구체적인 말로 나타내 보자. 보다 바람직하고 새로운 자아 이미지를 확립할 수 있다.

자식과 약속한 것은 반드시 지켜라. 자식과의 약속을 어기는 것은 거짓말을 가르치는 것이다. -『탈무드』 명언

02
일상에서 전하는 사랑과 감사

연애, 결혼, 가정, 일, 친구와의 교제. 이 모두가 인간관계로 이루어진다. 인간관계가 원만한 사람은 대개 인생을 잘 헤쳐 나갈 수 있다. 좋은 말과 칭찬을 하면 사람과의 관계가 근본적으로 좋은 방향으로 변해 간다.

그러나 '아무리 좋은 말을 해도 상대에게 통하지 않는다.'는 사람도 있을 것이다. 그럴 때는 어떻게 해야 할까? 우선 상대가 누구이든, 그리고 어떤 대답을 하든지 간에 대수롭지 않게 여겨야 한다. 그 까닭은 앞에서도 누누이 강조했듯이, 자율신경계의 기능이 말의 의미를 해석해서 현실화시켜 모든 게 다 당신의 인생에서 펼쳐지기 때문이다.

마음으로부터 진심으로 상대방을 칭찬한다면 그 마음이 다시 나에게로 되돌아오게 되어 있다. 좋은 말과 칭찬은 듣는 것보다 말하는 것의 효과가 더 크다. 좋은 말을 사용하려면 좋은 말을 선택하는 능력을 익히는 것이 중요하다. 다음의 세 가지를 명심하면 그 선택 능력을 키울 수 있다.

첫째, 낙천적일 것.
둘째, 풍부한 어휘력을 가질 것.
셋째, 사랑과 감사의 마음을 가질 것.

자, 그럼 사랑과 감사에 대해 좀 더 설명하기로 하자. 사랑에는 그 종류가 다양하다. 부모와 자식 간의 사랑, 형제자매의 사랑, 가족이나 친척 간의 사랑, 친구와 동료들에 대한 사랑, 남녀의 사랑, 자기 자신에 대한 사랑에서부터 인류애, 동물이나 식물에 대한 사랑, 학문이나 일에 대한 사랑, 예술에 대한 사랑, 스포츠나 모험에 대한 사랑 등, 그 범위를 한없이 넓혀 나갈 수 있다.

애정이라는 것은 우리 인간이 갖고 있는 욕구의 중심이며, 행복의 절대조건이기도 하다. 그리고 끝이 없는 것이다. 식욕과 수면 욕구 등의 기본적 욕구처럼, '이걸로 충분하니까 더 이상 필요 없다'라고 딱 끝맺을 수 있는 것이 아니다. 즉, 애정은 소중하게 키우면 키울수록 풍요롭게 성장해 나가는 것이며, 사랑이 가져다주는 행복감도 무한대라는 의미다.

인간은 무언가를 사랑하거나 사랑받는다고 느낄 때, 희열 호르몬의 세계는 '즐거움'의 상태로 바뀌어 긴장과 스트레스, 그리고 불안감이 제거됨으로써 비로소 안락함을 느끼게 된다. 이때 '사랑하는 것은 운수大통, 사랑받는 것은 운수小통'이라는 점을 명심하라. '늘 사람들에게 친절을 베푸는 사람은 운수대통이고, 사람들의 친절을 받는 사람은 운수소통'인 것이다.

다른 사람을 사랑하고, 그 사람을 위해 정성껏 무언가를 해 주어서 그로부터 마음에서 우러나오는 감사를 받을 때 물밀 듯이 솟아나는 충만감이야말로 최고의 행복감을 가져다준다. 이때 체내의 희열 호르몬도 최고치에 이르고, 그 최고 상태를 계속해서 유지해 나가려고 한다.

그런데 우리는 평소에 사랑과 감사함을 말로 잘 표현하지 않을 뿐더러 어색해한다. 유럽이나 미국식이 무조건 좋다고 생각하지는 않지만, 그들의 습관 중에서 꼭 권하고 싶은 것이 하나 있다. 그것은 바로 그들이 일상용어처럼 늘 사용하는 "Thanks, God(신이시여, 감사합니다)."이라는 감사의 말이다. 그들은 또한 서로에게 하루에도 수없이 "Thank you."라고 말하면서 살아간다.

애정 표현에서도 마찬가지다. '좋아해', '사랑해'라며 연인에게 뿐만 아니라 가족이나 친구들에게도 아주 자연스럽게 말로 표현한다. 좋아하는 팬케이크를 보고도 "I Love This(이거 너무 좋아)."라며 'Love'를 연발한다. 사랑과 감사의 말을 관용구처럼 일상생활에 습관으로 활성화시킨 것이다.

우리도 그들처럼 '너무 좋아해요.', '고마워요.'라고 쉽고 편하게 말하지 못하란 법은 없다. 우리도 능히 할 수 있다. 하루를 감사로 시작하는 뜻으로 스스로에게 이렇게 표현해 보자.

- 또 이렇게 새로운 하루를 보낼 수 있어서 너무 좋다. 오늘도 열심히 살아야지.

천 리 길도 한 걸음부터가 아니던가. 일상에서의 사랑과 감사는 대부분 대인관계에서 표출된다.

- 우리 가족은 모두가 다 좋다.
- 우리 집이 최고다.
- 어머니의 음식은 정말 맛있다.
- 이렇게 예쁘게 낳아 주셔서 정말 감사합니다.
- 좋아하는 일을 할 수 있어서 너무 행복해.
- 좋은 동료들과 좋은 거래처를 만나게 되어 정말 감사하다.
- 내가 사랑하는 제일 친한 친구를 데리고 간다.
- 정말 좋은 사람이네, 나도 참 좋다.
- 도와줘서 정말 고마워.
- 술이 정말 맛있어, 고마워.
- 최고의 날이었어. 너무 고마워.

이렇듯 평범한 일상에서도 사랑과 감사의 표현과 감정은 무궁무진하다.

- 사랑과 감사는 궁합이 잘 맞는다.
- 사랑은 오래가고, 행복도 오래간다.

이러한 생각으로 좋은 말을 선택하는 사람에게 바로 멋진 인생이 펼쳐지는 것은 당연한 일 아닌가!

자식 농사가 어렵지만 그것이 제대로 되지 않으면 필설로 다할 수 없는 어려움이 있다. - 공병호

03
행복한 가정공화국 만들기

"고마워요.", "정말 큰 도움이 되었어요."라고 감사의 마음을 말로 표현하는 습관은 모든 인간관계를 아주 좋게 이끌어 준다. 하지만 가족과 친구, 연인, 회사 동료 등 자신과 가깝고 친할수록 오히려 그런 말을 잘 하지 않는 사람들이 제법 있다.

물론 처음에는 스스로 마음을 다잡지 않으면 좀처럼 좋은 말이 나오지 않을지도 모른다. 그러나 "고마워요."라는 말을 듣고 기분 나빠할 사람은 아무도 없다. 그러니 안심하고, 좋은 언어 습관을 스스로 정착시키도록 노력해야 한다.

우리 집에서는 '가정공화국'이라는 개념을 세워 놓고 가족 모두가 협력해서 행복한 가정 만들기에 힘쓰고 있다. 나와 아내, 그리고 아이들은 각자의 사고방식과 행동 철학을 가지고 살아가고 있다. 그렇듯 서로가 개별적인 존재임을 인정하는 것이 '가정공화국'의 기본이다. 누가 누구에게 순종하는 주종 관계가 아니라, 서로를 소중히 여기며 존중하는 공동 화합의 관계다.

　우리 가족은 적어도 하루에 한 번은 감사함을 말로 표현하고 있다. "고맙습니다.", "수고했어요."라는 위로의 말이 자연스럽게 입에서 흘러나온다. 무슨 일이 있어도 서로의 체면을 깎아내리지 않으며, 서로를 북돋워 주는 말을 의식적으로 사용하도록 노력한 결과, 어느새 그것이 당연한 일이 되어 버렸다.

　- 바쁜데도 아주 잘해 주고 있어요.
　- 누구누구가 이렇게 칭찬해 줬어요.

　이런 식의 대화 역시 끊이지 않는다. 그리고 나는 집에 있을 때 자주 혼잣말을 한다. 그중 '좋아, 해 보자!'라는 말을 가장 많이 한다. 힘을 불어넣고, 따뜻함을 느낄 수 있는 방식으로 나 자신에 말하는 것이다. 옆에 가족 중 누군가가 있을 때에는 그 말이 들리도록 큰 소리로 하기도 한다. 차를 마실 때도 물론이고, 아무것도 하지 않을 때도 '좋아, 해 보자!'라고 말할 정도의 습관화된 이 말대로, 정말로 모든 일이 순조롭게 진행되고 있다.

　자기 자신에게 말하는 것은 자신의 뇌와 사이좋게 지내는 것을 뜻한다. 그 효과는 절대적이며, 항상 '발현유전자', '우승팀 유전자'의 스위치를 켤 수 있게 해 준다. 아침에 일어나면 맨 먼저 하는 말이 있다.

- 잘 잤다. 기분도 최고고 컨디션도 최상이네.
- 오늘도 좋은 일이 있을 것 같은 예감이 들어.

매일같이 정말 좋은 기분으로 눈을 뜨기 때문에, 이제부터 시작될 하루에 대해서도 왠지 좋은 말을 하고 싶어져서 내가 즐기는 일과의 하나다. 정말로 예감이 좋은지 나쁜지는 중요하지 않다. '예감이 좋다.'라고 소리 내어 말하는 것이 무엇보다 중요하다. 그러면 말한 본인이 그것을 잊어버려도 '예감이 좋다는 것이 무엇일까?' 하고 뇌가 계속 생각해서 좋은 해답을 찾아 준다.

이것은 뇌의 유지 관리에도 엄청난 효과가 있다. 뇌의 모세혈관을 넓혀서 혈액순환을 돕고 스트레스를 해소시키는 것이다. 그러한 효과로, 의욕이 점점 고조되며 베타엔도르핀 등의 희열 호르몬이 분비되고, 면역력의 축적도 증가된다. 인간의 몸과 마음의 건강 상태는 희열 호르몬과 스트레스 호르몬의 균형으로 결정되는데, 삶이 충만하고 순조로운 사람들은 모두 희열 호르몬을 잘 활성화시킨 덕분이다.

그러니 일상의 사소한 것들 모두를 행복한 말로 엮어 나가자. 이것이 내가 좋아하고 추천하고픈 생활 방식이다. 일터에서도 행복한 말만으로도 충분히 커뮤니케이션이 가능하다.

- 그 아이디어, 굉장히 좋군.
- 이거면 분명히 잘될 거야.
- 성공이 확실해.

나는 이렇게 진심으로 생각하기 때문에, 그 감동을 말로 표현하여 상대에게 전한다. 그렇게 하면 주위가 더욱 활기로 넘친다. 그다음에 모였을 때 더 멋진 아이디어와 기획을 제안해 내가 더 놀랄 정도였다.

"좋은 일을 하자."라고 적극적으로 말하면 실제로 좋은 일들을 만나게 되고, 매력적인 사람들과 접촉할 수 있는 결과로 이어지게 된다. 직장이란 그러한 만남을 일구는 장소이며, 그 속에서 느끼는 일의 성취감이란 인생에서 최고의 놀이에 견줄 만한 즐거운 것임을 나는 실감하고 있다.

04
언어의 달인이 되는 책 읽기

감동을 전하여 '언어의 달인'이 되자. 친구들에게 "책 한 권을 읽으면 열 권을 읽은 것처럼 이야기한다."라는 말을 듣는 사람들이 간혹 있다. 사람들에게 독서의 감동과 새로운 발견에 대한 것을 전하지 않고서는 도저히 견딜 수 없었을지도 모른다. 지금도 그 버릇이 짙게 남아 있으며, 그 버릇이 있어서 다행이라고 생각한다.

대부분 그렇듯 오랜 세월 동안 그 버릇을 유지해 온 데에는 나름의 이유가 있다. 그것은 새로운 발견과 감동을 사람들에게 말함으로써 또다시 그 멋진 기분을 맛볼 수 있기 때문이며, 그것이 뇌를 활성화시켜서 젊고 적극적으로 일할 수 있는 건강한 뇌를 만들어 주기 때문이다.

그 밖에도 좋은 것이 아주 많다. 책을 읽은 덕분에, 읽기 전에는 몰랐던 말과 내용의 깊이를 자신의 것으로 만들어 말할 수 있는 기회도 얻을 수 있다. 저자가 쓴 좋은 글들을 읽고 알게 된 어휘를 사람들에게 말하는 사이에 완전히 내 것이 되기도 한다.

풍부한 어휘력을 가지고 말을 자유자재로 구사할 수 있는 것은 커다란 기쁨 가운데 하나다. 생각을 정리하고, 보다 풍요로운 발상과 상상력을 발휘하면 다른 사람들과의 커뮤니케이션도 원활해진다. 말은 엄청난 재산이다. 말에 대한 이해가 깊어지면 깊어질수록 인생에서 풍요로운 결실을 맺는다.

꿈을 머리에 그리면 그 말을 통해 형성된 감각 감정에 의해 생생한 상상 체험을 할 수 있다. 그리고 이것이 자동 목적 도달 장치에 전해지면 꿈을 달성하기 위해 뇌의 시스템이 가동된다.

- 저 사람의 말은 정말 이해하기 쉬워.
- 이야기를 너무 재미있게 해서 나도 모르게 빠져들게 만든다.
- 마치 두 눈으로 직접 보는 듯이 생생하다.
- 너무 실감나서 감동했다.

이처럼, 사람들이 이야기를 즐겁게 들을 수 있도록 '언어의 달인'이 되는 것도 노력 여하에 따라 얼마든지 가능한 일이다.

어머니는 우리의 마음속에 얼을 주고, 아버지는 빛을 준다.
― 장 파울

Part 9

——— ... ———

두 마리 토끼를
잡는 법

말이 생각을 만들고 나아가 인생을 지배한다는
'언어 습관의 원리'를 진정으로 이해한다면,
다른 사람을 칭찬하고 격려하는 말이 누구보다도 자신에게
좋은 효과를 가져온다는 사실을 알고 있을 것이다.

01
적극적 사고를 넘어
낙천적 사고로

  미국에서는 약 30년 전에 의식과 스트레스에 관한 과학적 연구가 진행되었으며, 그것을 다룬 일반 서적들이 많이 출판되어 큰 주목을 받았다. 연구가 더욱 활발히 진행되어, 마침내 '뭐든지 적극적으로 받아들이고, 넘치는 의욕으로 살아가면, 자신의 한계를 넘게 되고, 지금보다 더 큰 일들을 이뤄 낼 수 있다'는 사실이 증명되었다.

  이 정보는 바로 일본에도 상륙하여 미국의 성공 철학 '적극적 사고'라는 식으로 약간 변형되어, 비즈니스계를 중심으로 퍼져 나갔다. 여기서 좀 관심을 기울여야 할 것은, '플러스 사고'와 '적극적 사고'에는 미묘한 차이가 있다는 점이다.

  '플러스 사고'란, 사물을 긍정적으로 받아들여서 능동적으로 살아가는 것을 말한다. 그리고 '적극적 사고'는 긍정적으로 살아가는 것을 말하긴 하지만, 자칫 공격적이 될 가능성이 있다. 지나친 '적극적 사고'의 폐해를 깨닫지 못한다면 결국 건강을 해치고 수명을 단축시킬 우려가 있다.

- 꺾이지 마라!
- 분발해라!
- 더 잘할 수 있다!

이렇게 적극적으로만 사고하는 삶의 방식을 취하면 인간은 극심한 스트레스에 노출되고 만다. 이와 더불어 '성공하지 않으면 어쩌지?' 하는 불안과 걱정도 늘어 간다. 그 결과, 몸이 망가지기 십상이며 병에 걸릴 위험이 높아지는 등 건강에 엄청난 손해를 입게 된다. 또한 심한 스트레스와 불안, 그리고 걱정이 있는 상태에서 병에 걸리면 그만큼 회복력이 약해진다. 이는 '인터루킨-Ⅱ'라는 면역 호르몬 생산이 저하되기 때문이다.

젊을 때에는 스트레스를 이겨 낼 만큼의 면역력을 가지고 있어 약간의 무리를 하는 것이 오히려 스트레스에 대한 저항력을 높일 수 있다. 하지만 나이가 들어 중년, 그리고 노년이 되었을 때는 면역 호르몬이 감소하는 듯한 심리적 상태를 겪는다. 따라서 중·노년층의 사람들이 심한 스트레스를 받게 되면 자칫 커다란 위험에 빠질 수 있다.

대뇌는 사고하기 위한 에너지로 'POMC(pro-opimelamocortin)'라는 단백질 아미노산을 사용하고 있다. 불안과 걱정, 그리고 스트레스를 받으면, POMC의 분해물이 아드레날린과 글루코코르티코이드라는 스트레스 호르몬으로 변하는데, 이 두 스트레스 호르몬 중에서 더 위험한 것이 글로코코르티코이드다.

글루코코르티코이드는 간에 있는 글리코겐이라는 호르몬의 분비를 촉진시킴과 동시에 간에 축적되어 있던 글리코겐을 포도당으로 분해하여 핏속으로 방출시킨다. 그러면 혈당치가 높아져 스트레스라는 위기 상태에서 탈출하기 위한 에너지원으로 준비된다. 이와 같은 고혈당 상태가 계속되면 중·노년층에서 자주 발병되는 성인병인 당뇨병을 유발하게 된다.

또한 글로코코르티코이드 그냥 그렇게 내버려 두면 단백질을 침식하고 근육을 좀먹으며 결국에는 신경계를 손상시키고 피부 노화를 촉진시킨다. 따라서 '적극적 사고'에서 한발 더 나아간 '낙천적 사고'를 권한다.

'적극적 사고'는 목적 달성을 위해 수단과 방법을 가리지 않으며 희생까지 무릅쓰지만, '낙천적 사고'는 면역력의 축적으로 건강한 몸과 마음을 만들어 정말 편안하게 큰일을 이룰 수 있게 한다. 무턱대고 목적만을 달성하려는 것이 아니라, 약간의 실패가 있어도 흔들리지 않는 자신감과 안접감이 무엇보다 중요하다.

- 흥미가 있거나 배운 것을 활용할 수 있는 이로 성공하자.
- 나의 가치는 회사에서의 지위나 서열로 정해지는 것이 아니다.

이와 같은 말로 스스로를 다독여 나가자. 이렇듯 언제나 긍정적이고 긍정적인 말을 사용하면 결과적으로 자신만이 아니라, 주위 사람들에게도 행복을 가져다주면서 크고 멋진 인생을 살아갈 수 있다.

02
건강한 아이는 모두 긍정적이다

아이들을 가르치면서 강사인 내가 느낀 것 중 하나는 '건강한 아이들은 밝고 모두 긍정적이었다.'라는 사실이다. 긍정적이란 밝고, 상냥하며, 맑은 웃음이 넘치는 것을 말한다. 과거의 좋은 기억과 미래에 대한 희망을 말로 표현할 수 있는 아이이며, 어떤 경우에서도 긍정적이고 적극적이기 때문에 감정에 휩싸이지 않으며, 항상 즐거움을 유지하며 살아가고 있다.

아이에게 '훌륭하다'라고 말함으로써, 정말로 훌륭한 상황을 만들어 낸다. 이러한 긍정적인 언어 습관은 아무리 힘든 역경일지라도 헤쳐 나갈 수 있는 힘을 길러 준다. 어려움을 극복했을 때를 머릿속에 그리는 것만으로도 스트레스에 대한 인내력과 지구력을 높일 수 있다.

또한 낙천적인 사람은 감수성이 풍부하며, 마음속 깊이 울려

퍼지는 듯한 음악과 문학을 즐긴다. 이들은 어휘력이 풍부하며, 사람들에게 꿈과 감동을 전달할 수 있는 능력이 뛰어나다. 그리고 다른 사람들의 낙천적인 꿈과 희망, 그리고 로맨스에 관한 이야기를 듣는 것도 아주 좋아한다.

낙천적인 꿈을 마음에 품으면 그것을 뒷받침해 주는 행동을 할 수 있게 된다. 꿈을 가짐으로써 신진대사가 활발하게 움직이며 몸속의 세포들이 즐거워한다. 진정으로 바라고, 상상체험으로 미래의 모습을 시각화하면 뇌의 자동 목적 도달 장치의 스위치에 불이 켜진다. 불가능하다고 여겼던 일도 가능해지며, 실제로도 실현 가능성이 한없이 높아진다.

그렇기 때문에 성공한 L씨처럼 '미래에 반드시 대기업 사장이 될 것이다.'라고 낙천적으로 사고하는 것은 매우 바람직한 일이다. 실현 가능성이 전혀 없는 것만 아니라면 아무리 큰 희망이더라도 너무 커서 곤란한 일은 없다. 누구든 실현 불가능한 꿈은 절대 꾸지 않기 때문이다.

그러나 아주 조금이라도 마음속 어디에선가 '안 된다'라는 생각이 든다면 허무한 느낌밖에 남지 않는다. 바꿔 표현하면, 낙천적으로 크게 마음을 먹으면 먹을수록 일이나 사업이 모두 순조로운 방향으로 흘러가게 된다는 의미다. 당신은 어떤 직업관을 가지고 있는가?

- 생계를 위해 하는 수 없이, 마지못해 회사에 다니고 있다.
- 주어진 일만 하면 된다.

만약 이렇게 비관적인 생각을 가지고 있다면 과감하게 낙천적인 발상으로 전환해야 한다.

- 일하는 것은 나를 성장시키기 위한 매개체이며, 사람들과의 만남과 더불어 그 일을 즐기면서 경제력을 키워 나가는 것이다.

이와 같이 일 자체에 대한 의식을 바꾸기 바란다. 그러면 분명히 큰 발전의 기회를 만나게 될 것이다. '우리가 품은 긍정적인 꿈과 희망은 그것이 낙천적인 만큼 편안하게 이루어진다.'는 것은 우리의 몸과 마음, 양쪽 모두에서 과학적으로 이미 증명된 사실이다. 그렇기 때문에 누구나 긍정주의자가 될 수 있는 좋은 방법들을 배우도록 하자.

다음의 '긍정적 사고에 대한 세 가지 법칙'을 반드시 기억하길 바란다.

긍정적 사고의 법칙1 나에게 일어나는 일은 그것이 어떠한 것일지라도 나에게 도움이 되는 것들이다.

긍정적 사고의 법칙2 나에게 일어나는 일은 그것이 어떠한 것일지라도 스스로 해결할 수 있는 일이다(내가 해결할 수 없는 일은 나에게 일어나지 않는다).

긍정적 사고의 법칙3 나에게 일어난 문제의 해결책은 생각지도 못한 뜻밖의 방향에서 찾아온다(그렇기 때문에 지금 당장 방법이 전혀 없다 하더라도 절대 포기해서는 안 된다).

비관적인 사고에 빠질 것 같은 느낌이 들면 위의 세 가지 법칙을 크게 소리 내어 말해 보자. 금세 기운이 되살아나 낙천적인 좋은 기분을 느낄 수 있을 것이다. 그리고 강한 자신감과 안정감을 갖게 되고, 자연스럽게 '건강', '장수', '성공'으로 가는 길을 걷게 된다.

03
성공하는 사람의 화법

사업에 성공한 사람들은 대체로 칭찬에 능숙하다. 칭찬을 듣고 기쁜 나빠할 사람은 아무도 없으며, 부하 직원에게 의욕을 불러일으키기에 칭찬만큼 효과적인 것도 없다. 말이 생각을 만들고 나아가 인생을 지배한다는 '언어 습관의 원리'를 진정으로 이해한다면, 다른 사람을 칭찬하고 격려하는 말이 누구보다도 자기 자신에게 좋은 효과를 가져온다는 사실을 알고 있을 것이다.

그 사실을 진정으로 깨닫는다면 다른 사람들에게 건네는 말이 지금과는 전혀 다른 의미로 다가올 것이다. 따라서 먼저 부정부터 한 다음에 상대방을 칭찬하거나, 대충 적당한 기분으로 격려하는 것이 실제로는 아무런 도움도 되지 않는다는 것을 실감할 수 있게 된다.

- 겉보기는 좀 안 좋아 보이지만, 의외로 성실하다.
- 실무에는 별 도움이 안 되지만 영업 감각은 있다.

이렇게 표현하면 모처럼의 칭찬도 그 효과가 반으로 줄어들고 만다. 그 정도로 끝나는 것이 아니라, 겉보기에 안 좋아 보인다거나 실무에는 서툴다는 마이너스적인 면이 말로 고착화되어 개선될 여지가 점점 없어지며, 또한 말한 당사자도 자신의 말과 똑같은 사람이 될 위험성이 있다.

- 성실한 사람인 줄을 알았지만, 그래도 다시 봤다.
- 영업 감각은 좋다. 그런 식으로 실무에서도 열심히 해 주길 바란다.

이런 말도 어딘가 좀 석연치 않을 뿐 아니라 모호하며 효과가 덜하다.

- 그 사람은 아주 성실하고 신뢰할 만한 사람이다.
- 영업 감각이 뛰어나다. 앞으로의 활동도 기대하고 있다.

이같이 과감하게 좋은 점만 주목하여 말하는 것이 최상이며, 강하게 지지하는 표현이 훨씬 뛰어난 효과를 발휘할 수 있다. 또한 소극적인 표현이 일단 버릇이 되면 고치기 힘들어진다.

- 뭐, 그냥 할 수 있을 만큼 열심히 해 볼게요.
- 긍정적으로 검토해 줘.
- 만약 잘된다면 나도 좋겠다.

이와 같은 애매한 표현은 오히려 도움이 안 된다. 그렇다면 격려를 할 때엔 어떻게 말해야 할까?

- 우리라면 가능해.
- 반드시 좋은 결과를 낼 수 있으니까 적극적으로 임해 보자.

이같이 말할 때, 뇌는 점점 더 활성화된다. 구체적인 해결책이 쉽게 떠오르고, 피로도 어디론가 날아가 버린다. 말하는 사람이 얼마만큼 좋은 결과를 바라고 있으며, 얼마만큼 좋은 말을 사용하는가에 따라 앞으로 펼쳐지게 될 미래의 모습이 완전히 달라질 것이다.

일과 일생에서 성공한 사람들의 대부분은 '겸양의 미덕'보다는 '유언실행(有言實行)'을 모토로 하고 있다. 겸손해하면서 말을 조심하는, 즉 '무언실행(無言實行)'이 좋은 것이라고 여기는 풍조와 정반대의 길을 걸었던 것이다. 성공한 사람들의 대부분은 이렇게 말한다.

- 성공에 대한 강한 의지를 가지고, 항상 목표를 향해 노력하는 것은 물론 중요한 일이다. 그러나 더 나아가 목적을 달성했을 때의 모습을 마음속에 그리고, 그 기쁨을 사람들에게도 알린다면 더 많은 의욕이 고취된다.
- 누군가에게 자신의 생각을 말로 표현하게 되면 진정으로 자신이 해낼 수 있다는 기분을 느낄 수 있다. 그리고 무엇을 어떻게 해야 할 것인지가 보다 더 확실하게 가시화된다.
- 생각을 말로 표현하는 것은 무엇보다도 자신에 대한 결의를 굳히는 것이다.

현재의 상태가 어떻든 간에 두려워하지 말고 미래의 목표를 말로 표현하면서 실행해 나가는 것이 바로 '유언실행'이라는 새로운 방식이다. 긍정적인 의사결정은 목적을 가지는 것뿐만 아니라, 그것을 자신의 입을 통해 직접 말한다면 뇌를 최대한 강력하게 자극하게 된다.

'참, 다행이다'라고 뇌로 전달하는 메시지는 즐거움의 신호다. 뇌는 모든 활동을 개시하고, 최대한의 결과를 끌어내기 위해 최선을 다한다. 말 그 자체에 앞으로 나아가려는 성향과, 가로막힌 벽을 뚫고 나아가려는 힘이 담겨 있기 때문이다. 따라서 일을 추진하는 과정에서 무슨 일이 생기더라도 다음과 같은 긍정적인 말을 하도록 하자.

- 나는 운이 좋아. 내 인생은 순풍에 돛을 단 배와 같이, 순조롭게 잘 나아가.
- 하루하루 계속 좋아져. 내일이 기대돼.
- 큰 꿈을 이루는 것은 보람된 일이야.
- 좋은 계기로 점점 성과를 올리고 있어.
- 더 멋지고 큰일을 만나게 되어 더 큰 발전으로 이어지고 있어.
- 나와 더불어 주위 사람들도 더욱 행복해지고 있어.

이러한 강한 메시지가 계속되는 한, 뇌는 전진을 멈추지 않는다. 뇌는 좋은 결과를 만들어 내기 위해 필요한 정보를 계속 모으고, 최고의 컨디션으로 활용될 수 있도록 만반의 준비를 갖추어 나간다.

그리고 결정적인 때가 왔을 때, 당신이 그 정보를 효과적으로 잘 활용한다면 뇌는 한 단계 더 위를 향해 계속 전진해 나간다. 새로운 정보를 수집하고, 행동을 조절하는 등, 뇌가 완전 가동을 하면서 목적 달성을 향해 착실하게 현실을 움직여 나가는 것이다.

> 운명은 우연이 아닌 선택이다. 기다리는 것이 아니라, 성취하는 것이다. - 윌리엄 제닝스 브라이언

04
크게 생각하고
크게 행동하자

"위대한 업적을 남긴 사람들은 다른 사람보다 몇 배 더 일을 했기 때문이 아니다. 그것은 더 큰 결과를 생각했기 때문이다."라는 말이 있다. 사물을 크게 보고 크게 생각하고 표현할 수 있는 것은 성공하려는 사람에게는 없어서는 안 될 재능의 하나다.

큰 성공을 거두려면 가능한 한 커다란 꿈을 가지고 그 꿈을 진정으로 성취해 내겠다는 생각을 품어야 한다. 평소에 아무렇지도 않게 사용하고 있는 문명의 이기(利器)도 실제로 그런 모습이 되기 전에는 그것을 만들고 싶다고 생각한 발명가의 머릿속에만 존재하던 하나의 생각에 지나지 않았다.

예를 들면, 전화라는 통신 시스템은 벨이라는 한 남자의 머릿속에만 있었다. 전구는 에디슨의 번뜩이는 생각에서 탄생되었으며, 미국의 대실업가인 존 록펠러도 무일푼 시절에 "머잖아 억만

장자가 될 것이다."라고 선언하면서 자신의 커다란 꿈을 실현시켜 나갔다.

마찬가지로 미국의 자동차왕 헨리 포드도 큰 꿈과 희망, 그리고 기대를 품는 일이 무엇보다 중요하다고 생각한 인물이었다. 그에 대한 유명한 일화가 하나 있다. 어느 라디오 프로그램에서, 사회자가 헨리 포드에게 다음과 같이 물었다.

"당신은 미국을 대표하는 대부호입니다. 그렇다면 미국에서 가장 머리가 좋은 사람이 누구인지 아십니까?"

"글쎄요, 누구죠?"

"퀴즈 프로그램에서 챔피언이 된 사람입니다. 만약 당신이 그 사람을 고용할 생각이라면 급여를 얼마로 책정할 건가요?"

그러자 포드는 잠시 생각한 후에,

"백과사전 가격과 똑같은 금액, 즉 25달러나 30달러입니다."

라고 재치 있게 대답했다. 놀란 사회자가

"그렇다면 어떤 사람에게 높은 급여를 줄 건가요?"

라고 거듭 묻자, 포드는 그 자리에서 바로

"나보다 큰 욕망을 갖고 있으며, 문제를 재빠르게 해결할 능력이 있는 사람이죠. 그런 사람이라면 나보다 더 높은 급여를 줄 것입니다."

라고 말했다고 한다. 포드가 말한 '큰 욕망을 가진 사람'이라는 것은, 큰 꿈과 희망, 그리고 기대를 품을 수 있는 사람이라는 뜻이다. 그럼 어떻게 하면 그런 사람이 될 수 있을까? 대답은 간단하다.

- 가능한 한 큰 발상을 말로 표현하라.

"큰 욕망과 큰 생각을 가지고, 큰 성공을 거두자." 이것이 미국에서의 비즈니스의 성공 철학이다.

우리는 자신을 이김으로써 스스로를 향상시킨다. (자신과의) 싸움은 반드시 존재하고 거기에서 이겨야 한다. - 에드워드 기번

Part 10

원하는 것을 이루는 비밀의 Key

언어 습관의 원리를 깨닫고 일상에 응용하는
방법을 체득한 삶은 더욱더 충만하고 행복해지리라.
모두가 더 많이 행복해지고 사랑과 감사, 희망에 찬
멋진 인생을 실현시킬 수 있기를 진심으로 바란다.

01
글로 쓰는 목표,
낭독하는 비전

말은 생각과 행동의 근원이다. 우리가 무언가를 결정하고, 그대로 행동에 옮길 수 있는 것도 처음에 한 말들을 통해 생각을 정리하고, 행동 프로그램을 세웠기 때문이다.

지금까지 다양한 구어체의 표현을 이 책에서 소개했다. 기분과 몸 상태를 좌우하는 말, 앞으로의 인생을 결정하는 말, 부정적인 언어 습관을 긍정적으로 바꿔 말하는 방법, 애정 표현, 감사의 말, 뇌를 활성화시키는 말 등….

이제부터는 그 말들을 글로 쓰는 것과 낭독하는 것에 대해 살펴보기로 한다. 말하는 것, 듣는 것, 읽는 것, 쓰는 것, 낭독하는 것, 이 다섯 가지의 능력을 조화롭게 몸에 익혀서 이상적인 언어 습관을 형성하도록 하자. 그리고 인생에서 반드시 이루고 싶은 꿈과 목적, 목표를 하나하나씩 확실하게 이뤄 나가도록 하자.

글로 문장으로 표현하는 것의 장점은 자신의 사고가 어떠한 과정을 거쳐 형성되는지를 알 수 있다는 점이다. 글로 쓴다고 하면, '생각을 머릿속에서 정리하여 쓰는 것'이라고 여기기 쉽지만, 실은 그 반대다. 즉, '쓰는 것이 바로 생각을 정리하는 것'이다.

따라서 글을 쓰는 것은 굉장히 효과적인 두뇌 훈련이며, 우리의 사고력을 높여 준다. 머릿속으로만 자신의 생각을 정리할 수도 있겠지만 글로 직접 써 가면서 생각을 정리하면 더 높은 고지에 오를 수 있게 된다.

먼저, 미래에 되고 싶은 이상적인 자아 이미지, 미래의 목표, 갖고 싶은 것들, 해 보고 싶은 일 등을 모두 써 보라. 이것을 더욱 발전시켜서 문장으로 만들어 보자. 예를 들면 이런 식이 된다.

- 1년 후, 나는 목표로 하는 등수에 들 것이다.
  지금 부모님의 생일에 드릴 선물을 사기 위해 저금통에 돈을 모을 것이다.
- 방학 동안 부모님과 롯데월드에 갈 것이다.

이렇듯 글로 쓰지만 말고 구체적으로 그림을 그리듯 써 보라. 인생에서 이루고 싶은 목적이나 목표들을 글로 써 보았는가? 쓴다는 행위는 대뇌의 전두엽이라는 조직이 관장하고 있다. 전두엽이 상상하거나 생각한 결과가 문장이라는 형태로 남는 것이며, 거기에 쓰여 있는 꿈과 희망은 자율신경계를 통해 현실로 받아들여진다. 글로 쓰고 있는 동안, 몸이 뜨거워지거나 가슴이 설레는 것과 같은 체내의 다양한 생화학 반응이 일어난다면 그것은 지금 당신이 상상 체험을 하고 있다는 증거다.

'이것이다'라고 생각한 것을 글로 표현했다면, 이번에는 그것을 소리 내어 읽어 보길 바란다. 확실한 꿈과 비전을 낭독하면 결의가 한층 굳어진다. 꿈이 이미 실현되었을 때의 심적 상태를 보다 더 생생하게 상상으로 체험할 수 있다.

그리고 가장 중요한 사실은, 메시지의 내용이 전해지자마자 뇌는 자동 목적 달성 장치를 최고의 상태로 만들어 낸다는 점이다. 우리는 뇌에서 생각하는 것과 똑같은 인생을 살아가게 된다. 그 중에서도 작가는 뇌에서 생각한 것을 문장으로 표현한 것과 똑같은 인생을 사는 경우가 아주 많다. 작가 자신과 작품 속의 등장인물이 아주 닮은 이유도 바로 말을 통한 상상 체험과 자동 목적 달성 장치가 그렇게 만들어 내기 때문이다.

우리 아이가 원하는 일들을 구체적으로 쓰게 하라.

> 늘 명심하라. 성공하겠다는 너 자신의 결심이 다른 어떤 것보다 더 중요하다는 것을. - 에이브러햄 링컨

02
현재형으로 쓰는 미래 일기

꿈과 희망이 모두 이루어졌다는 전제하에 '미래 일기'를 쓰는 방법도 있다. 이것은 지금이라는 현실에서 일어난 일들을 기록하는 보통의 일기와는 달리, 당신 자신이 그리는 이상적인 미래를 마치 지금 살고 있는 것처럼 상상하면서 쓰는 것이다.

'미래 일기'라는 단어의 뉘앙스 때문에 전부 미래형으로 표현해야 한다고 여기기 쉽다. 예를 들면, '내일 나는 그 사람에게 프러포즈 받을 것이다.', '나는 1년 후에 결혼해서 새로운 삶을 살고 있을 것이다.'라는 식으로 말이다. 그러나 몇 년 후의 일이더라도 전부 현재형으로 써 보도록 하자.

'언젠가 이렇게 된다면', '일이 잘된다면'과 같은 식의 조건이 붙은 미래가 아니라, '나는 이렇게 한다.', '나는 이렇게 된다.'와 같이 써야 한다. 앞에서도 'if(만약에)'라는 말을 없애 버리면 인생의 사다리를 열 계단 올라갈 수 있다고 이야기했다. 그것과 완전히 똑같은 것을 문장으로도 실천해 보는 것이다. 어디까지나 현재형으로 쓴다는 것이 '미래 일기'의 포인트다.

  자, 그럼 당신이 간절히 마음속에 그리던 꿈과 희망이 아무런 조건 없이 이미 다 이루어졌다는 전제하에서 출발해 보도록 하자. 그때의 일상생활은 어떠하리라고 생각하는지 머릿속에 떠오르는 이미지를 가능한 한 구체적으로 글로 나타내야 한다.

  형식에 구애받지 말고 자유롭게 써 보자. 어느 특정한 날의 모습을 써도 좋고, 일주일 동안의 변화를 정리해서 기록해 보는 것도 재미있을 것이다. 1년을 주기로 해서 계절마다 생활 모습을 자세하게 그리면서 써 보면 꽤 괜찮은 연간 계획을 만들 수도 있다.

  또한 이렇게 크리스마스를 보내고 싶다든지, 이상적인 생일날의 모습처럼 주제를 정해서 써 보는 방법도 권하고 싶다. 드라마 각본을 쓰는 것처럼 당신이 주인공이 되어 어떤 일들이 펼쳐지는지, 다양한 장면들을 구체적으로 써 내려가도 좋다.

  다음은 나의 일주일 생활 방식을 '미래 일기'로 쓴 것인데, 많은 참고가 되었으면 한다.

월요일

  아침 6시 기상, 매일 아침 30분 정도 조깅을 하러 나간다. 샤워를 하고, 느긋하게 아침을 먹는다. 아이가 좋아하는 음식을 하고 강의 준비를 한다. 주제는 '대인관계' 혹은 '여가 관련'이다. 미리 정리해 놓은 자료를 다시 체크하며, 만반의 준비를 하고 강의를 위해 집을 나선다.

화요일

오후에 멋진 식당에서 가족이 모여 저녁을 먹는다. 저녁을 즐기면서, 아이들과 학교나 교우 이야기로 이야기꽃을 피운다.

수요일

강의처의 약속을 위해 교육 담당과 함께 미팅, 내가 없는 동안에 아이들이 하교를 하여 학원 갈 준비를 하니 안심하고 사무실을 비울 수 있다. 밤에는 아이들의 공부를 봐준다. 그리고 좋은 아이디어가 떠올라 메모를 한다.

목요일

오전과 오후에 걸쳐 교육에 몰두한다.

금요일

내일 아침 일찍 요트를 타고 바다로 나간다는 설렘과 기대를 안고 있다. 그 화력에 힘입어 강한 집중력과 순발력으로 일이 척척 진행된다. 가족 모두가 한자리에 모여 느긋하게 저녁을 먹는다.

내일 있을 항해를 생각하면서 기분 좋게 취침한다.

토요일

일과 가정에 투자하는 나에게 활력을 불어넣으며, 나를 즐겁게 하고, 또 다른 나를 발견하게 하며, 풍요로운 마음을 갖게 해 준다. 또한 공저를 한 두 강사님들을 만나 "강사님은 항상 힘이 넘쳐요."라는 말을 듣는다. 마시는 커피가 더없이 맛있다.

일요일

정말 자유롭고 편하게 쉼을 즐긴다. 가족과 함께 영화도 보고 집 밥도 먹으며 쉰다.

03
마음과 마음을 잇는 유머 감각 키우기

세상에는 약 3천 개가 넘는 언어가 있다고 한다. 인구가 가장 많은 중국에서 사용되는 언어에서부터 불과 수백 명밖에 되지 않는 한 지역에서만 사용되는 언어에 이르기까지, 언어의 종류와 그 보편화의 정도는 참으로 다양하다.

그중에서도 우리말은 미묘한 뉘앙스의 차이를 지닌 표현들이 많다. 예를 들면, 호우(豪雨)처럼 많이 내리는 비, 오랫동안 내리는 비, 여우비, 늦가을에 내리는 비, 음력 5월경에 내리는 장맛비, 물보라처럼 내리는 비, 조금 내리거나 슬픈 일이 있을 때 내리는 비, 진눈깨비나 늦가을의 차가운 비 등과 같이, '비가 온다'는 자연현상을 나타내는 표현만 해도 60가지가 넘는다.

영어와 프랑스어의 경우를 보면, 이런 표현들은 열 가지 이내에 머문다. 자연과 계절의 변화에 민감한 우리 특유의 감정이 이러한 미묘한 차이를 나타내는 방법과 풍부한 어휘를 만들어 낸 것이다.

그런데 언어의 사용법에 따라 사고방식이나 그때의 기분을 원하는 대로 조절할 수 있다. 그리고 자신의 기분과 완전히 일치하는 말이나 단어를 발견하면 상상의 세계가 보다 더 풍부하게 펼쳐진다. 말에 익숙해져서 의식적으로 사용하다 보면, 보다 풍요로운 결실을 맺는 인생을 창조할 수 있다.

말은 그것을 능숙하게 사용하면 할수록 점점 더 늘어 가는 재산이다. 대부분의 사람들은 재산이라면 토지나 가옥, 은행예금, 유가증권 등을 떠올릴 것이다. 하지만 그러한 것들에는 한계가 있다. 손을 놓는 순간 순식간에 사라져 버리는 것들이며, 또 언제 사라질지도 예측할 수 없다. 그에 비해 말이라는 재산은 무한한 가능성을 지니고 있다. 사용하고 또 사용해도 줄어들기는커녕, 오히려 몇 세대를 걸쳐 계승되어 발전해 나갈 수 있다.

이 훌륭한 언어 표현에 유머 감각까지 갖추게 된다면 그 사람은 틀림없이 세계에 통용될 만한 국제적인 인물로 인정받으리라고 확신한다. 그 까닭은 파티에서 어떤 대화를 나누는지, 참석자들의 귀를 얼마나 즐겁게 할 수 있는지, 얼마나 많은 사람들을 자기 주변에 모이게 할 수 있는지가 국제인으로 통용될 것인지 아닌지를 결정하는 하나의 기준이기 때문이다.

그러나 유감스럽게도 우리는 언어 능력에서는 꽤 높은 평가를 받고 있지만, 유머 감각에서는 많이 부족하다. 세계 여러 곳에서 쌓은 내 경험에 비춰 보기만 해도 알 수 있다. 즉, 일상적인 대화에서도 유머가 넘치는 농담을 별로 즐기기 않으며, 농담을 말해 보았자 상대에게 잘 통하지도 않는다.

하지만 우리의 고전문학과 친숙해지면, 여러 곳에서 수준 높은 유머와 웃음을 발견할 수 있다. 유머란 그저 이상하고 재미있는 것을 나타내는 것만이 아니다. 그 속에 담긴 인간성이 저절로 전해지는 것처럼, 따뜻한 마음이 넘치는 표현이야말로 진정한 유머다. 우리가 본디부터 가지고 있는 유머 감각을 현대적으로 잘 표현해 보자.

넘치는 유머로 마음과 마음을 잇고, 그 마음으로 대화를 즐기고 싶지 않은가? 그러려면 먼저, 낙천적이고 즐거운 언어들을 풍부하게 저장해야 한다. 유머 있는 대화를 할 수 있다는 것은 사람의 마음을 누그러뜨리고 밝아지게 하는 말을 자유자재로 구사할 수 있다는 것을 뜻한다.

그리고 일상생활에서 무슨 일이 있어도 자신을 객관적으로 바라볼 수 있는 여유를 지니게 된다. 감정이 내키는 대로 울거나, 소란을 피우거나, 화를 낸다면 절대 유머 감각을 키울 수 없다. 그 어떤 어려움에 처하더라도, 가장 먼저 "정말 다행이다."라고 말할 수 있는 낙천적이고 긍정적인 마음의 상태야말로 유쾌한 유머 감각을 길러 준다.

그리고 독서량을 상당히 늘리고 견문을 넓혀서 교양을 쌓아 갈 필요도 있다. 유머 감각을 갈고 닦으려면 공부와 경험, 이 모두가 필요하기 때문이다.

주위 사람을 웃길 수 있는 사람만이 천국에 갈 자격이 있다. -『코란』

04
성공 키워드를
입버릇처럼 말하라

인간의 말은 우리가 생각하는 것 이상으로 인생에 커다란 영향을 미친다. 이 진리의 발견에 따라 종교가 탄생되고 보편화되었다는 것이 나의 생각이다. 오로지 입으로 '나무아미타불'을 읊는 전수염불(專修念佛)을 설명한 유명한 고승은 "비천한 자도 무지한 자도 염불을 하면 모두 다 똑같이 구제받는다."라고 피력했다. 이를 내 나름대로 표현한다면 이렇다.

- 바라는 것을 끊임없이 염원하면서 말로 나타낸다면 누구나 그 소망을 이룰 수 있다.

기독교에서도 "바라는 것이 있으면 하나님께 기도하라. 그 바람이 하나님께 전달될 때까지."라고 말한다. 그리고 "하나님이 어디에 계십니까?"라고 물으면 "하나님은 당신 안에 계십니다."
라고 답한다. 이렇듯 종교인들은 모두 말의 신비를 알고 있으며
그 힘을 활용하는 방법에 정통해 있다. 이 때문에 많은 신자들이
모여들고, 종교의 가르침을 널리 받아들이는 것이다.

  기도와 염불을 '성공 키워드'로 바꿔서 생각하면 이해하기 쉽
다. 성공 키워드란 행복 프로그램의 기초를 이루는 말이다. 자아
이미지의 변화, 꿈과 희망의 실현, 인생에서의 큰 목표 달성 등
모든 계획의 출점인 것이다.

- 나는 아름답다.
- 재물 복이 있다.
- 가족을 소중히 여기며 모두에게 사랑받고 있다.
- 나는 아주 운이 좋다.
- 좋은 기회를 잡게 되어 점점 더 큰 성과를 올리고 있다.
- 인생이 계속해서 좋아지고 있다.
- 최고의 날이다. 좋은 예감이 든다.

이와 같이 자신만의 성공 키워드를 입버릇처럼 말한다면 그 말
과 똑같은 현실이 펼쳐지게 되는데, 이는 자동 목적 달성 장치에
불이 켜져서 자동 조종 장치를 작동하게 한다. 여러 개의 성공 키
워드를 이어 모아 문장으로 만들고, 소리 내어 읽어 보는 습관을

몸에 익히면 그 효과는 더욱 커진다.

- 나의 무한한 잠재의식은 신의 일부다. 신, 그것은 무한한 지성과 예지이며, 대우주의 예지다. 나는 신의 인동에 따라 마음의 평화, 부, 재력, 번영, 그리고 건강과 명성을 얻고 있다. 신께 감사드린다.

이것이 바로 내가 십여 년 동안 하루도 거르지 않고 소리 내어 읽었던 문장이다. 밝고 쾌활하며 낙천적인 성향이 이미 몸에 배어 있었기 때문에 그것을 염원하는 문구는 들어 있지 않다. 만일 당신이 밝고 쾌활하며 낙천적이며 사교적인 자아 이미지를 만들고 싶다면 나의 문장을 기초로 하여 다음의 문장을 만들 수도 있다.

- 나의 무한한 잠재의식은 신의 일부다. 신, 그것은 무한한 지성과 예지이며, 대우주의 예지다. 명랑함, 쾌활함, 사랑으로 넘치는 지성, 창조력은 신의 상징이다. 나는 신으로부터 사랑으로 넘치는 지성, 창조력, 그리고 모두에게 사랑받는 명랑하고 쾌활한 성격을 내려 받았다. 신앙이 있는 사람은 신께 감사하며, 관련이 있는 모든 사람들에게 신의 사랑과 축복을 보낸다.

다시 한 번 강조하건대, 자신이 바라는 것과 희망하는 것을 말로 나타내어 실현될 것을 염원하면서 소리 내어 읽어 보자. 처음에는 종이에 쓴 문장을 보면서 말해도 좋다. 별로 시간을 들이지 않아도 금세 외울 수 있게 될 것이다. 천천히 그리고 또박또박 소리 내어 읽도록 하자.

하루에 여러 번 하는 것이 가장 좋은데, 그중 몇 번은 그냥 가볍게 눈을 감고 마음속으로 읽는 것도 괜찮다. 그것이 습관화되면서 여러 가지 좋은 변화들이 나타나며, 마음에 여유가 생기고 몸도 건강해진다. 뇌와 온몸의 세포가 활성화되며, 심신이 모두 쾌적하고 최상의 상태로 옮겨지기 때문이다. 그리고 자신이 말한 것과 똑같은 인생이 펼쳐진다.

뇌의 자동 목적 달성 장치, 즉 자동 조종 장치에 불을 켜라! 긍정 유전자에 불을 켜라! 이것이 궁극적인 행복 프로그램이다. 사랑하는 이성에게 "나는 당신을 사랑합니다."라고 고백했을 때, 그 사랑은 강한 확신이 되어 의식화된다. 연인끼리 사랑한다는 말을 주고받는 것은 마음에 애정의 각인을 찍고 싶어 하기 때문이다.

이처럼 좋은 말이 좋은 생각을 만들며, 좋은 인생을 실현시킨다. 언어 습관의 원리를 깨닫고, 일상에 응용하는 방법을 체득한 삶은 더욱더 충만하고 행복해지리라고 확신한다. 모두가 더 많이 행복해지고, 사랑과 감사, 그리고 희망에 찬 멋진 인생을 실현시킬 수 있기를 진심으로 바란다.

Part 11

좋은 언어 습관의 실천 14계명

아버지, 어머니, 고맙습니다.

도와줘서 정말 큰 힘이 되었어요.

최고의 날이었어요. 고마워요.

히루하루가 짐짐 좋아시며, 내일이 기대된다.

01
이미지 확립하기

가치 있는 것 대부분은 부딪혀야 얻을 수 있다. - 헨리나우웬

- 잘하는 것은?
- 잘 못하는 것은?
- 아이가 사랑하는 사람은 누구?
- 아이가 진심으로 사랑하는 것은 무엇?
- 되고 싶은 아이의 모습은?
- 희망하는 성격은?
- 인생에서 이루고 싶은 목적과 목표는?
- 이상적인 가족과의 관계는?
- 이상적인 친구와의 관계는?
- 하고 싶은 일은?

- 희망하는 경제 수준은?
- 갖고 싶은 것은?
- 해 보고 싶은 것은?
- 장래의 꿈과 희망은?
- 배우고 싶은 것은?

02
뇌를 활성화시키는
즐거움의 메시지

아이의 뇌에게 긍정적이고 희망적인 말을 해 줄 때 아이는 무한한 가능성과 창조성을 가지게 된다.

- 이만하길 다행이다.
- 사랑해.
- 고마워.
- 행복해.
- 넌 착해.
- 너는 용감해.
- 괜찮다.
- 이것도 나에게 다 도움이 된다.
- 어떻게든 잘될 거야.

- 나라면 분명히 할 수 있다.

- 자, 파이팅하자.

- 반드시 할 수 있다. 아무튼 한번 해 보자.

- 내가 해결할 수 없는 일은 나에게 일어나지 않는다.

- 문제의 해결책은, 생각지도 못한 곳에 있을 것이다.

- 그것을 통해 앞으로 반드시 좋아진다.

- 즐겁고 기쁜 일이 많았다.

- 사랑도 일도 모두 순조롭다.

- 아주 좋네요.

- 해냈다.

- 바로 그렇게 하는 거야.

- 그래, 좋았어.

- 오늘 하루도 멋진 날이 될 것이다.

- 내 인생은 계속 좋아지고만 있다.

- 밝은 미래가 점점 펼쳐지고 있다.

03
뇌에 영향을 주는 말

인간의 뇌가 가장 효율적이고 활발하게 움직일 때 자존감을 향상시키면 변화가 이루어진다. 걷고, 밝은 표정을 짓고, 말을 하라.

- 고마워요.
- 정말 기뻐요.
- 지금 너무 행복하다.
- 나는 너무 많은 사랑을 받고 있다.
- 모두가 나를 소중하게 생각해 준다.
- 주위 사람들 모두가 나를 사랑하고, 존경하며, 신뢰하고 있다.
- 인생이란 멋진 것이며, 하루하루가 너무 즐겁다.

- 큰 꿈을 이루는 것은 정말 보람 있는 일이다.
- 좋은 일은 오래간다.
- 내 꿈은 반드시 실현된다.
- 왜 이렇게 척척 일이 진행되는 걸까.

04
아름다워질 수 있는 말
(나에 대한 칭찬)

지금 있는 그대로의 당신 자신을 사랑한다면, 당신은 행복해질 것이다.

― Bob Marley

- 나는 성실하다.
- 정말 착하네.
- 센스가 뛰어난 여자다.
- 매력적이군.
- 개성이 넘치고 정말 마음에 들어.
- 얼굴이 정말 귀엽게 생겼어.
- 세련되고 멋진 여자야.
- 키도 훤칠하고 스타일도 아주 멋져.
- 아담하고 귀여워.

- 사람들에게 호감을 준다.
- 능력 있어.
- 뭐든지 척척 해내고 있어.
- 인정이 많아서 남도 잘 돕고 있어.
- 열정적이야.

05
말로 표현해야 좋은 말

입과 혀라는 것은 화와 근심의 문이요, 몸을 죽이는 도끼와 같다.

– 명심보감

- 아버지, 어머니, 고맙습니다.
- 나는 왜 이렇게 행복할까?
- 도와줘서 정말 큰 힘이 되었어요.
- 최고의 날이었어요. 고마워요.
- 지금 너무 행복해요.
- 인생은 순풍에 돛을 단 배처럼 아주 순조롭게 나아간다.
- 하루하루가 점점 좋아지며, 내일이 기대된다.
- 저는 운이 좋은 사람이에요.
- 저는 뭐든지 잘할 수 있어요.

- 덕분에 태어남에 감사드려요.
- 키워 주셔서 감사합니다.
- 열심히 할 일 있어서 감사해요.
- 날마다 최고의 날입니다.
- 모두 사랑합니다.

06
경제를 성장시키는 말

호사하는 사람은 돈이 많아도 항상 모자라니, 어찌 가난해도 항상 남음이 있는 검소한 사람만 하겠는가. - 홍자성, 『채근담』

- 돈을 사랑한다.
- 돈이란 좋은 것이다.
- 돈에도 눈이 있다. 돈이 따르는 사람이 되라.
- 질이 좋지 않은 돈은 주인을 해칠 수 있다. 항상 자신을 절제하고 항상 감사하는 마음을 가져라.
- 나는 돈과 궁합이 잘 맞다.
- 나는 재물 복이 있다.
- 돈과 더 친하고 싶다.
- 지칠 줄 모르는 부자.

- 재산은 뇌에 축적된다.
- 수입을 늘여서 계속 즐겁게 살자.
- 금전적으로 여유 있는 삶은 좋다.
- 멋진 인생을 설계하려면 돈이 필요하다.
- 사임당님, 오늘 하루도 저와 늘 함께해 주세요.

07
아름다워질 수 있는 말

칭찬이란 타인이 자신과 비슷하다고 인정하는 예절 바른 방법이다.
– 앙브로즈 피어스

- 당신은 언제 봐도 멋져요.
- 오늘은 유난히 빛이 나네요.
- 젊어 보이고 센스가 무척 좋아요.
- 활동적이고 정말 멋있어요.
- 능력 있어요.
- 매사에 열정이 넘쳐요.
- 창의적이에요.
- 선한 영향을 주는 사람이에요.
- 매사에 대인관계를 잘해요.

- 아들아/딸아, 넌 할 수 있어.
- 넌 성실해.
- 생기가 넘쳐 보여요.
- 자연스럽고 건강한 매력을 느끼게 합니다.
- 그 옷, 정말 우아하네요, 당신에게 정말 잘 어울려요.

08
일과 사업(공부)을
성공으로 이끄는 말

현재 세상은 너무나도 빠르게 움직이고 있기 때문에 할 수 없다고 말하는 사람들은 그것을 하고 있는 다른 누군가에 의해 대체되기 쉽다.

- 올버트 하버드

- 힘들지도 모르지만, 아무튼 한번 해 보자.
- 이 부분이 좀 아쉽지만 훨씬 더 나아질 테니까 열심히 하자고!
- 우리라면 할 수 있어. 반드시 좋은 결과가 있을 테니까 적극적으로 해 보자.
- 회사에 들어가는 것도 인연이다. 틀림없이 나에게 도움이 되는 일이 기다리고 있을 거야.
- 일(공부)은 나를 성장시키기 위한 매개체이며, 사람들과의 만남과 그 만남을 통해 일을 즐기면서 경제력을 키워 나가는

것이다.
- 좋아하는 일을 할 수 있어서 무엇보다 행복하다.
- 좋은 동료들과 거래처를 만나서 정말 고맙게 생각한다.
- 더 큰 일이 들어와서 큰 발전으로 이어진다.
- 나와 더불어 내 주위 사람들 모두가 행복해진다.
- 그 아이디어, 훌륭하군.
- 이거라면 반드시 잘될 거야.
- 성공은 우선 환경을 극복하는 것부터야.
- 큰 발전의 기회다.
- 저에게 맡겨 주십시오.
- 좋은 일을 하자.
- 열심히 해서 돈을 벌고, 오랫동안 꿈꿔 온 일을 실현시키자.
- 공부는 나에게 있어 인생에 있어서 큰 기쁨이자 즐거움의 하나다.
- 큰 목표를 달성하는 것은 정말 보람 있는 일이다.
- 건강하게 장수하며 성공한 사람들은 모두 낙천주의자다.
- 그는 사업 감각이 뛰어나다. 앞으로의 활약을 기대하고 있다.
- 상사는 신뢰가 가는 선배이며, 부하 직원은 나를 지지해 주는 고마운 존재다.
- 나의 가치는 회사에서의 지위나 서열 등으로 정해재지 않는다.
- 지금은 경제적으로 부족하지만, 앞으로 점점 윤택해져 간다.

- 나는 기술이라는 재능을 팔아서 지금의 회사에 있는 것이다.
- 회사에서의 지위는 실력과 인격만이 아니라 운도 작용한다.
- 운을 잡는 것도 재능의 하나다.
- 누군가에게 말하면 그 말이 정말 실현된다고 생각한다.
- 목표를 달성했을 때의 기쁨을 말로 표현하면 더욱 의욕이 솟아난다.

09
발전할 것 같은 말

당신은 움츠러드는 게 아니라 활짝 피어나도록 만들어진 존재이다. 더 멋진 사람이 되고 더 특별한 사람이 되어라. 매 순간을 자신을 가득 채우는 데 활용하라. - 오프라 윈프리

- 의욕이 대단한 것 같아요.
- 무엇에든 잘할 것 같아요.
- 유머 감각이 있군요.
- 멋지고 쿨한 매력이 넘쳐요.
- 웃는 얼굴이 순수해 보여요.
- 틀림없이 리더십 있는 CEO가 될 겁니다. 자상하고 포용력이 있으시니까.
- 성실함이 배어나네요.

- 양복 차림도 멋지고, 캐주얼 차림도 멋지고, 뭘 입어도 잘 어울리네요.

10
가족 관계를
좋게 만들어 주는 말

아버지, 어머니, 고맙습니다.
도와줘서 정말 큰 힘이 되었어요.
최고의 날이었어요. 고마워요.
하루하루가 점점 좋아지며, 내일이 기대돼요.

- 너는 우리 가족의 보물이다.
- 넌 정말 사랑스런 아이야.
- 나는 우리 가족이 가장 좋다.
- 커서 정말 선한 사람이 될 거야.
- 우리 가족이 최고다.
- 우리 집이 최고다.
- 엄마 요리 솜씨가 최고다.

- 낳아 주셔서 고맙습니다.
- 가족을 소중히 생각하고, 모두에게 사랑받고 있다.
- 나의 부모님은 가장 소중한 분들이다.
- 키워 주시고 가르쳐 주셔서 감사합니다.
- 바쁜데도 이렇게 늘 신경 써 주고 있어요.
- 누가 이렇게 칭찬하더라고요.
- 내가 제일 사랑하는 친구입니다.
- 정말 괜찮은 사람이네요. 저도 마음에 들어요.
- 최고의 날이었어. 정말 고맙다.
- 인간이란 멋진 존재인 것 같다. 이렇게 멋진 사랑을 할 수 있으니까 말이야.
- 누군가를 사랑하게 되면, 사랑의 힘으로 강해질 수 있다.
- 내 남편이야말로 가장 사랑스러운 사람이다. 그리고 나의 영원한 연인이다.
- 일이 반드시 잘될 거예요.
- 피곤하면 얼른 쉬세요.
- 당신 정말 재미있는 사람이에요.
- 당신과 결혼해서 정말 다행이에요.
- 오늘은 집에 일찍 오세요. 저녁 맛있게 만들어 놓을 테니까.
- 가정이 무엇보다 소중하다.
- 가족이 있기 때문에 열심히 일할 수 있다.

- 신경질적이지 않은 면이 정말 좋아요.
- 그 정도면 무슨 말인지 잘 알 것 같아요.
- 평소에 다정한 사람이 화를 내니까 더 그런 것 같다. 주의해야지.
- 언젠가 반드시 크게 될 사람이다.

11
좋은 인생을 선택하는 말

내가 좋아하지 않는 모든 것은 당연히 내가 좋아할 만한 것의 반대일 것이라 생각하며 삶을 만들어 갔다. - 가브리엘(코코) 샤넬

- 나는 나에게 부족한 것을 채우고 싶다.
- 이것이야말로 내가 바라던 것이다.
- 지금 아주 좋다. 그리고 나는 날마다 더 좋아진다.
- 나는 시간을 그냥 허비하지 않을 것이다. 매 순간이 내겐 경이롭다.
- 나는 실패하는 것을 두려워하지 않는다. 왜냐하면 처음 살아보는 오늘이니까….
- 모든 것은 변화한다. 어제의 나는 분명 오늘과 다르다. 삶은 변화를 만들어 가는 과정이다.

- 인생은 늘 수업이다.
- 인생이라는 여행에서 여행자는 목적과 목표가 분명해야 한다.
- 어른이 되어 가는 것은 아픈 과정도 당연히 거치는 것이다.
- 지금 내 모습이 전부는 아니다.

12
상상하면 이루어진다

상상할 수 있는 모든 것은 실현 가능하다. - 파블로 피카소

- 이루고 싶은 일을 그려 본다.
- 달성하고 싶은 인생의 목표를 그려 본다.
- 이렇게 되고 싶은 나의 모습을 구체적으로 그려 본다.
- 해 보고 싶은 일을 그려 본다.
- 갖고 싶은 것을 그려 본다.
- 미래의 배우자의 모습을 그려 본다.
- 나의 삶의 모습을 그려 본다.
- 지금의 당신 모습은 미래 일에 대한 예고이니 너무 걱정 마라.
- 어떤 것을 꿈꾸고 있다면 꿈대로 될 것을 믿어라.
- 너의 상상 속에 장애물을 담고 있지 마라.
- 된다. 된다. 된다. 잘된다. 몇 번씩 자신을 향해 외쳐라.

13
인생의 사다리를
열 계단 뛰어오를 수 있는 말

확실히 여행은 단순한 관광 이상이다. 여행은 삶에 관한 상념들에 계속해서 일어나는 깊고 영구적인 변화이다. - 미리엄 비어드

- 나는 지혜롭고 현명하며, 경제관념도 투철한 멋진 어른(부모)이 될 것이다.
- 반드시 이 과제를 해낸다. 성적도 원하는 대로 올릴 것이다.
- 나는 매사에 최선을 다하며, 성실하고 맡은 바 일에 사명감을 가지고 일한다/공부한다.
- 앞으로 내가 좋아하는 ○○일에 목표를 두고 노력할 것이다.
- 반드시 하던 일은 마무리 짓는다.
- 사명 선언문을 작성하여 목표로 하는 것에 비전을 가지고 실천해 나간다.
- 나의 무한한 잠재의식은 못 해낼 것이 없다.

14
내가 쓰는 언어 습관의 목록을 작성하자

인간이 다른 동물보다 우월한 점은 인간이 복합적인 소리를 생각과 결부시키는 무한한 능력을 가지고 있다는 사실이다. - 찰스 다윈

언어 습관의 목록을 작성해 놓으면 자주 쓰는 언어의 습관을 점검하고 수정할 수 있다. 언어의 습관을 고치는 것이 어려운 만큼 이 방법은 매우 효과적이라고 할 수 있다.

- 아주 기분 좋을 때 먼저 나오는 말은?
- 기분 나쁠 때 하는 말은?
- 자려고 자리에 누웠을 때 하는 말은?
- '감사하다'는 말을 하루에 몇 번 하는가?
- 하루에 쓰는 긍정어와 부정어의 비율은 어느 정도인가?

- 아침에 눈을 떴을 때 처음 나오게 되는 말은?
- 거울 속에 비친 나에게 해 주고 싶은 칭찬 한마디는?
- 부모와의 대화에서 자주 사용하는 말은?
- 친구나 지인과의 대화 중에서 자주 사용하는 말은?
- 사랑하는 사람과 데이트할 때 많이 쓰는 단어는?
- 오랜만에 만난 윗사람에게 하는 말은?
- 원하던 일이 순조롭게 이루어졌을 때 하는 말은?
- 무엇을 해도 잘되지 않았을 때 하는 말은?
- 일이 꼬이고 될 듯하였으나 안 되었을 때 하는 말은?
- 내일도 다시 일어나 살아 보겠다는 마음을 표현하는 말은?
- 바쁠 때 별로 반갑지 않은 전화 받을 때 하는 말은?
- 과거의 기억이 별로 안 좋았던 사람에게 하는 말은?
- 화가 났을 때나 상대방과 언쟁을 할 때 무심코 튀어나오는 첫 마디는?
- 피곤한 몸을 욕조에 푹 담그고 있을 때 하는 말은?

내가 성공을 했다면 오직 천사와 같은 어머니 덕이다. -A. 링컨

아이의 좋은 습관을 키우는 부모의 역할

1. 아이에게 말의 스승이 되겠다는 결심을 하라

아이에게는 부모가 단순히 말을 하는 것이 아니라 언어를 가르치고 있는 선생이라는 생각을 항상 기억하라. 내가 은연중에 하는 입버릇이 아이의 말버릇이 된다고 생각하면 지금처럼 함부로 욕하고 남을 험담하고 상식에서 벗어나는 단어를 쓰지는 않을 것이다.

내 아이가 나의 언어를 듣고 행동을 보고 있다. 언어를 정화하라. "나는 내 자녀의 선생입니다."를 세 번 외쳐 보면 생각이 달라질 것이다.

긍정의 단어를 쓰는 부모 밑에서 자란 자녀는 긍정의 말을 쓰고, 부정적으로 말을 하는 부모의 자녀는 매사에 부정적인 단어를 사용한다. 내 아이가 보다 안정적인 정서로 긍정적이고 밝게 성장하기를 바란다면 부모 먼저 언어 습관을 바꾸시라.

2. 아이를 말의 주인으로 키워라

내 자녀를 말의 주인으로 키우기 위해서는 말의 노예가 되지 않도록 해야 한다. 언어는 행동을 지배한다. 한번 실험해 보라. "나는 행복해."를 서너 번 되뇌다 보면 어느 순간 내가 아주 행복한 존재처럼 느껴질 것이다.

3. 자신과 대화를 하게 하라

자신과의 대화를 통해 잠재력을 끌어낼 수 있다. 말을 하기 전에 자신에게 여유를 주는 것도 말을 잘하는 방법이다.

4. 예의 바르고, 긍정적이고 고운 말을 쓰는 습관을 들여라

사랑받는 아이로 만들기 위해서는 밝은 말을 써야 한다. 예의 바르고 긍정적이고 밝은 언어 습관을 길러 주라. 얼굴에는 항상 미소를, 말은 늘 긍정적이고 고운 말을 사용하는 습관을 들여야 한다.

5. '너는 소중한 존재'라는 것을 인식시켜 주라

아이에게 자신감을 키워 주자. 자신감이 있으면 말에 당당함이 실린다. 아이가 자신의 생각과 비전을 당당하게 말할 수 있도록 잘 하는 것을 적극적으로 칭찬해 주고 아이 스스로도 당당한 자기 모습을 좋아할 수 있도록 부모가 응원해 주라.

6. 아이의 꿈과 상상력을 존중하라

뇌는 상상과 현실을 따로 구분하지 않는다. 아이가 원하는 것을 적극적으로 꿈꾸고 상상하게 하자. 머릿속으로 꿈을 이룬 모습을 상상하면서 그렇게 될 것을 믿고, 성과가 현실로 나타날 때까지 끊임없이 도전할 수 있도록 도와주는 것이다. 꿈과 상상은 잠자고 있는 90퍼센트의 뇌를 흔들어 깨울 수 있는 유일한 도구이다.

부록

인간 잠재력 개발 전문가 브라이언 트레이시는
'생각'이야말로 가장 중요한 창조적 원천이라고 말한다.
생각하는 방향에 따라 자신의 세계가 구축되고,
자신의 삶이 바뀌게 된다는 것이다.

아인슈타인은 우리의 상상력이 실제 일어나는 일보다 더 중요하다고 말했다. 자신이 무엇을 생각하고 상상하느냐에 따라 세상이 달라진다는 말이다. 아인슈타인의 말처럼 생각이나 상상을 바꿈으로써 세상이 달리 보인다면, 굳이 바꾸지 못할 이유가 없지 않겠는가.

하지만 '생각'이라는 것만큼 우리가 마음먹은 대로 움직이지 않는 것도 드물다. 아무리 화를 내지 않으려고 해도 감정적으로 상처를 받게 되면 자기도 모르게 화가 나서 언성이 높아지고, 그러한 마음 상태가 그대로 얼굴 표정에 드러나기 일쑤다. 게다가 인간은 실패를 반복하게 되면 패배주의에 사로잡히는 경향까지 있으므로 찌푸린 얼굴이 좀처럼 펴지지 않는다.

심리학자들에 의하면 사람은 16세까지 자신에 관한 부정적인 메시지를 17만 3천 개를 받는 반면, 긍정적인 메시지는 1만 6천 개를 받는다고 한다. 부정적인 메시지는 하루 평균 29.6개를 받고, 그에 비해 긍정적인 메시지는 겨우 2.7개를 받는 셈이다.

아무리 자신이 긍정적으로, 낙관적으로, 적극적으로 생각하고 행동하려 해도 그러기 어려운 환경과 여건에서 살고 있으니 쉽지 않다. 그러나 그럴수록 부정적인 생각보다는 긍정적인 생각을 하도록 애를 쓰고, 비관적으로 바라보기보다는 낙관적으로 바라보는 버릇을 들이며, 소극적인 태도보다는 적극적인 태도로 임할 수 있도록 평소에 연습을 해야 하지 않겠는가.

인간의 잠재력을 개발하는 전문가인 브라이언 트레이시(Brian Tracy)는 '생각'이라는 것이야말로 가장 중요한 창조적 원천이라고 말한다. 생각하는 방향에 따라 자신의 세계가 구축되고, 자신의 삶이 바뀌게 된다는 것이다.

펜실베이니아 대학교수인 마르틴 셀리그만(Martin Seligman) 박사는 생각의 방향을 훈련을 통해 얼마든지 바꿀 수 있다고 말한다. 이는 낙관적 사고를 하느냐 비관적 사고를 하느냐는 우리의 의지에 달렸다는 의미이다.

만일 자신의 실패 경험을 외적 요인으로 핑계 삼는다면, 외적 통제 중심에 지배되어 스스로를 희생자라고 단정 짓고 '학습된 무기력'에 빠져들고 믿다고 한다. 또한 우리의 마음속을 기쁨이나 행복과 같은 긍정적 정서로 채워 두지 않으면 분노·화·우울·슬픔·좌절과 같은 부정적 정서가 찾아들어 어느새 마음이 병들게 되고, 얼굴 표정마저 어둡게 변하게 된다는 것이다.

인간의 얼굴 표정을 만들어 내는 안면 근육은 약 80개인데, 그중 다른 사람에게 호감을 줄 때 사용되는 근육은 17개이며 부정적인 표정을 만들어 내는 데는 43개의 근육이 사용된다고 한다. 긍정적 표정을 만들어 내는 근육보다 부정적인 표정을 만드는 근육이 더 많이 발달되어 있는 것이다.

아무리 좋은 보약도 자신이 먹지 않으면 효과를 볼 수 없듯이, 평소에 '긍정적인 사고'를 갖도록 훈련하고 끊임없이 웃는 연습을 하지 않으면 좋은 표정을 지을 수 없다. 따라서 좋은 표정이 자연스럽게 나올 수 있도록 꾸준히 노력하지 않으면 안 된다.

부모 헌장

1. 아이가 보고 있다는 것을 기억하라

부모는 아이가 가장 먼저 만나는 스승이다. '정신'을 가르쳐 주는 스승이 되어야 한다. 소신이 있는 부모는 아이에게 올바른 모습을 보여 줌으로써 아이가 인성이 바른 아이로 성장하고 발전할 수 있도록 도와준다.

2. 자존감 있는 아이로 키워라

아이를 자존감 있게 키우기 위해서는 아이 스스로가 자신을 소중한 존재라는 것을 알게 해야 한다. 이것은 아이를 인격체로 인정하고, 무한한 가능성을 지닌 존재라는 것을 인정을 하는 것이다.

3. '너는 소중해'라는 말을 자주 하라

부모로부터 사랑을 받고 소중한 존재라는 것을 느끼게 되면 아이는 자신감을 갖게 된다. 수시로 말해 주어라.

4. 예절, 정직, 성실한 아이로 키워라.

올바른 인성을 위해 예절 바르고 정직하며 성실한 생활 습관을 길러 주는 것이 매우 중요하다. 부모는 아이 앞에서 얼굴에는 항상 미소와 웃음을 띠고, 말은 늘 곱고 긍정적으로 사용하는 습관을 들여야 한다.

5. '너는 무엇이든 할 수 있다'는 믿음을 심어 줘라

아이에게 자신감을 키워 주어야 한다. 자신감만 있으면 무엇이든 할 수 있다. 아이가 어떤 재능과 소질을 지녔는지 인내심 있게 관찰하고 부족한 것보다 잘하는 것을 적극적으로 찾아 아이 스스로 자신감 넘치는 자기 모습을 발견할 수 있도록 도와주어야 한다.

6. 아이의 체력, 심력을 길러 줘라

체력, 심력은 아이를 건강하게 만들어 준다. 체력에서 자신감이 나오고, 심력에서 강한 의지력이 나오며 자력이 생긴다. 어릴 때부터 키운 체력과 심력은 성인이 되어서도 매우 중요하다.

7. 아이의 꿈을 존중하라

부모가 원하는 것이 아닌 아이가 원하는 것을 이루도록 적극적으로 존중해 주어라. 머릿속으로 꿈을 이룬 모습을 상상하면서 그렇게 될 것을 믿고, 그 꿈이 현실로 나타날 때까지 끊임없이 도전할 수 있도록 도와주어라.

| 맺는말 |

꿈을 이루는 행복 처방전,
말이 힘이다

'괜찮아, 너는 반드시 할 수 있어.' '좋았어, 그래 한번 해 보자!' 이렇게 말하자마자, 말의 효과는 그 자리에서 바로 나타난다. 침체되었던 분위기는 어디론가 날아가 버리고 몸과 마음에 에너지가 솟아나며 모든 것이 놀라울 만큼 순조롭게 진행된다. 그리고 머지않아 주위의 시선도 달라진다. 이런 것들이 쌓이고 모여서, 인생에서의 성공과 실패를 좌우하게 되는 것이다.

누군가를 끊임없이 의식하며 꺼리지 말고, 스스로에게 기분 좋게 느껴지는 좋은 말들을 계속해서 많이 사용해 보자. '오늘 하루도 열심히 보냈다.' '나는 참 운이 좋다.' '난 아직 ○○살밖에 안 됐다. 앞으로 하고 싶은 일들이 많아 그러니 하면 되는 거잖아.' 이런 말들을 자연스럽게 감정을 실어서 늘 말한다면 하루하루가 너무나도 즐거워진다.

항상 그것을 일상적인 말버릇처럼 계속 말하고 다녀라. 말하면 말할수록 말한 것과 똑같은 현실이 펼쳐지게 된다. 또한 명언이나, 책에서 읽은 감동적인 표현들을 기억해 두었다가 나만의 언어 습관 목록에 추가시켜 나가라. 좋은 글귀는 그것을 뇌에 저장해 두었다가 필요할 때 가장 효과적이라고 생각되는 것을 꺼내어 적절하게 사용하라.

아울러 언어 습관의 효과를 주위 사람들에게 적극적으로 말하고 표현해 보라. 말의 효과를 가장 많이 보는 사람은 다름 아닌 그것을 직접 말한 바로 나 자신이다. 좋은 말을 사용하면, 기분도 좋아지고 인생도 좋아진다. 다른 사람을 칭찬하면 나 자신이 좋아진다.

어떤 말을 사용하는가에 따라 내가 훨씬 더 좋아진다는 것을 느껴라. 이 표현들을 진정으로 믿고, 계속 말하게 되면 머지않아 언어의 달인이 될 것이다. 무한한 행복과 좋은 대인관계를 원한다면 언어 습관을 긍정의 메시지로 바꾸어라.

뇌를 활성화시키는 즐거움의 메시지, 의욕의 뇌를 자극하는 말, 뇌에 영양을 주는 말, 말로 표현하는 것이 훨씬 더 좋은 말, 경제 규모를 늘리는 황금의 말, 아름다워질 수 있는 말, 가족과의 관계를 좋게 만들어 주는 말, 일이나 사업을 성공으로 이끄는 말, 좋은 인생을 선택하게 해 주는 말, 인생의 사다리를 열 계단 뛰어오를 수 있는 말, 행복해지는 문장을 만드는 법.

모두가 행복으로 바꾸어 주는 언어들이다. 그러나 노력하지 않으면 얻지 못할 것들이다. 소리 내어 읽어서 자신만의 언어 습관으로 만들어 가자. 그러면 이루어진다. 대수롭지 않게 느끼던 평상시의 언어 습관과 입버릇을 바꾸는 것만으로도 몸과 마음이 놀랄 만큼 쾌적해질 것이다. 인간관계가 좋아지고, 지금까지의 고민이 씻은 듯이 날아갈 것이다. 꿈이 하나하나 이루어지며 바라던 대로의 충실한 인생을 살 수 있게 된다.

이렇게 기적과도 같은 마법의 언어 습관을 직접 체험할 수 있게 해 주는 행복 처방전이 바로 이 책이다. 우리의 많은 아이들, 그리고 많은 사람들이 더불어 꿈을 이루어 가는 세상! 그 꿈을 이루어 행복해질 때까지 우리 부모들은 열심히 서 있는 그 자리에서 오늘도 내일도 우리 자식들의 행복을 위해 노력할 것이다.